DANIEL SCHNEIDER

GLAUBE,
HOFFNUNG,
LIEBE

DAS LIEDERSCHATZ-
ANDACHTSBUCH

SCM

Stiftung Christliche Medien

Der SCM Verlag ist eine Gesellschaft der Stiftung Christliche Medien, einer gemeinnützigen Stiftung, die sich für die Förderung und Verbreitung christlicher Bücher, Zeitschriften, Filme und Musik einsetzt.

2. Auflage 2017

© 2016 SCM-Verlag GmbH & Co. KG · 58452 Witten
Internet: www.scm-haenssler.de; E-Mail: info@scm-verlag.de

Die Bibelverse wurden, soweit nicht anders angegeben, folgender Ausgabe entnommen:

Neues Leben. Die Bibel, © Copyright der deutschen Ausgabe 2002 und 2006 im SCM-Verlag GmbH & Co. KG, 58452 Witten.

Weiter wurde verwendet:

Lutherbibel, revidierter Text 1984, durchgesehene Ausgabe in neuer Rechtschreibung, © 1999 Deutsche Bibelgesellschaft, Stuttgart. (LUT)

Umschlaggestaltung: Yellow Tree – Agentur für Design und Kommunikation – www.yellowtree.de
Satz: Christoph Möller, Hattingen
Druck und Bindung: CPI books GmbH, Leck
Gedruckt in Deutschland
ISBN 978-3-417-26677-1
Bestell-Nr. 226.677

Für Justus Ben Daniel

Inhalt

Belanglos?

Vorwort von Albert Frey

Die „alten Kirchenlieder" sind ein Schatz meiner Kindheit und Jugend. Ich wurde, auf dem Orgelbock neben meinem Vater sitzend, der ehrenamtlicher Kirchenmusiker war, von ihnen geprägt. Als Jugendlichen auf der Singfreizeit hat mich dann „Wer nur den lieben Gott lässt walten" tief bewegt. Natürlich habe ich auch vieles weder verstanden, noch nachvollziehen können, aber diese Lieder waren mir ein Wegweiser, mehr noch: ein Weg zu Gott.

Das sind sie aber für immer weniger Menschen. Viele stellen keinen Bezug mehr von den alten Texten zum eigenen Leben her. Andere kommen in Gottesdiensten überhaupt nicht mehr mit ihnen in Berührung, weil ausschließlich neuere Lieder gesungen werden, die man dann verengend „Lobpreis" nennt – als ob die alten das nicht gewesen wären!

Neulich kamen wir mit einem unserer „Reitmädels" bei uns auf dem Pferdehof auf Kirche zu sprechen. „Warum gehst du nicht mehr hin?", haben wir sie gefragt. Sie hat mit einem Wort den Nagel auf den Kopf getroffen: Der Gottesdienst (bei dem diese Lieder noch gesungen werden!) sei für sie „belanglos". Keine Verbindung, nicht von Belang – Kulturpflege und Nachdenklichkeit für Interessierte, die man sich auch schenken könne.

Damit dieser „Schatz" an alten Liedern nicht belanglos bleibt, müssen wir ihn neu entdecken, heben! Zum einen musikalisch: Wir müssen musikalische Brücken bauen, damit das Singen dieser Lieder sich nicht wie ein Museumsbesuch anfühlt, sondern wie ein Abenteuer. Dafür haben Lothar Kosse und ich mit vielen Freunden aus der christlichen Musikwelt diese 36 Schätze neu bearbeitet. Auf den CDs „Glaube", „Hoffnung" und „Liebe" sind sie zu hören.

Aber wir müssen die alten Texte auch inhaltlich heben. Die alte Sprache in ihrer lyrischen Schönheit erkennen, die Aussagen als zeitlos und für uns relevant begreifen. Genau hier setzt dieses Buch von Daniel Schneider an. Lebensnah, persönlich und doch allgemeingültig erschließt er Lied für Lied. Lassen Sie sich mitnehmen auf eine spannende Entdeckungsreise durch diese 36 Betrachtungen, durch vier Jahrhunderte! Es hat einen Grund, dass diese Lieder Epochen, Kriege und Systemwechsel überlebt haben. Sie sind – und das werden Sie bei der Lektüre dieses Buches vielfältig erfahren – alles andere als belanglos!

Albert Frey

Wenn Sie noch tiefer einsteigen und sich zum Beispiel mit Ihrer Gemeinde auf die Reise begeben wollen, finden Sie auf der Seite **www.das-liederschatzprojekt.de** viele weitere Informationen und Anregungen.

36 Lieder –
ein großer Schatz

Es ist, als ob sich durch diese Liedtexte eine Tür öffnet. Hinter dieser Tür liegen 36 Räume aus längst vergangenen Welten. Räume aus einer anderen Zeit, einer anderen Kultur. Hinter dieser Tür verbirgt sich aber auch einiges von dem, was uns zu dem gemacht hat, wer wir sind. Und hinter dieser Tür wartet etwas, das zu Ihnen möchte, weil es auch heute noch wichtig und wertvoll sein kann.

In diesen Liederzimmern verbergen sich mutige Frauen, ängstliche Männer, trauernde Väter, schüchterne Künstlerinnen, Glückspilze und Pechvögel. Außerdem finden sich dort genauso Texte, die einem direkt ins Herz springen, wie Worte, die man erst einmal sacken lassen muss.

Ich bin inspiriert worden und habe das Gefühl, den Dichtern nähergekommen zu sein. Ich habe mich über manches geärgert, über einiges gelacht und war bei vielem tief beeindruckt. Ich habe eigene Gedanken entwickelt und trotzdem genug Platz für Ihre Interpretationen gelassen.

Ich lade Sie ein, gemeinsam mit mir auf Schatzsuche zu gehen. Ich bin schon einmal etwas vorgegangen, habe die Tür einen Spaltbreit geöffnet, um Sie mit diesen Texten vertraut zu machen. Und mit den Menschen, die diese Räume bewohnt haben. Menschen, die in Form von Versen ihre Freude, ihre Ängste, ihr Vertrauen und ihre Zweifel zum Ausdruck gebracht haben. Ihre Biografien bieten Stoff für unzählige Bestseller und Hollywoodfilme, und sie zeigen, wie tief und vertrauensvoll ihr Glaube an den war, für den sie alle diese Lieder geschrieben haben.

Der dreieinige Gott war der Lebensmittelpunkt aller Menschen, deren Texte Sie in diesem Buch finden. Und gleichzeitig standen sie alle mitten im Leben. Anhand der Lektüre wird deutlich, wie diese Personen versucht haben, ihren festen Glauben an einen Gott des Himmels und der Erde in ihrem Alltag zu verankern.

Egal, ob Sie sich das Lied von Martin Luther aus dem Jahr 1524 genauer anschauen oder die Verse von Hedwig von Redern aus dem Jahr 1901 auf sich wirken lassen, es geht immer um einen der folgenden Glaubensgrundsätze: Glaube, Liebe, Hoffnung. Und das verbindet uns mit der damaligen Zeit. Ich wünsche Ihnen, dass sich bei der Lektüre dieses Buches die Tür nicht nur öffnet und Sie einen besonderen Zugang zu den alten Schätzen bekommen, sondern dass sich die Tür aus den Angeln heben lässt und Sie eine gehörige Portion Glaube, Hoffnung und Liebe für Ihr Leben mitnehmen können. Denn um Gegenwart und Zukunft gestalten zu können, lohnt sich ein Blick in die Vergangenheit.

Daniel Schneider, im Herbst 2015

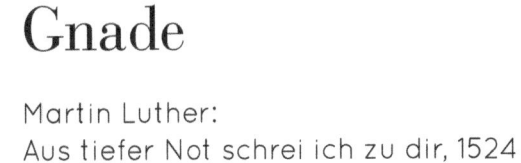

Gnade

Martin Luther:
Aus tiefer Not schrei ich zu dir, 1524

Auch wenn sich diese Verse wunderbar eignen, um die Biografie seines Dichters Martin Luther nachzuerzählen: Ich habe mich für eine andere Variante entschieden. Aus zwei Gründen: Erstens finden sich schon genug Texte, die Lied und Verfasser in Verbindung bringen, und zweitens gibt es unendlich viele aktuelle Anlässe, die dieses Lied auch für die heutige Zeit gültig erscheinen lassen. Darauf will ich mich hier konzentrieren.

1. Aus tiefer Not schrei ich zu dir,
   Herr Gott, erhör mein Rufen.
   Dein gnädig' Ohren kehr zu mir
   und meiner Bitt sie öffne;
   denn so du willst das sehen an,
   was Sünd und Unrecht ist getan,
   wer kann, Herr, vor dir bleiben?

2. Bei dir gilt nichts denn Gnad und Gunst,
   die Sünde zu vergeben;
   es ist doch unser Tun umsonst
   auch in dem besten Leben.
   Vor dir niemand sich rühmen kann,
   des muss dich fürchten jedermann
   und deiner Gnade leben.

3. Darum auf Gott will hoffen ich,
   auf mein Verdienst nicht bauen;
   auf ihn mein Herz soll lassen sich
   und seiner Güte trauen,
   die mir zusagt sein wertes Wort;
   das ist mein Trost und treuer Hort,
   des will ich allzeit harren.

4. Und ob es währt bis in die Nacht
   und wieder an den Morgen,
   doch soll mein Herz an Gottes Macht
   verzweifeln nicht noch sorgen.
   So tu Israel rechter Art,
   der aus dem Geist erzeuget ward,
   und seines Gotts erharre.

5. Ob bei uns ist der Sünden viel,
   bei Gott ist viel mehr Gnade;
   sein Hand zu helfen hat kein Ziel,
   wie groß auch sei der Schade.
   Er ist allein der gute Hirt,
   der Israel erlösen wird
   aus seinen Sünden allen.

Es ist Sonntag, 10.43 Uhr. Wir befinden uns in irgendeiner deutschen Kleinstadt, in irgendeinem Gottesdienst. Der engagierte Gemeindepastor Peter F. hält die Predigt und beendet sie mit einem folgenschweren Satz: „Und wie es schon in dem alten Lied von Martin Luther heißt: ‚Aus tiefer Not schrei ich zu dir, Herr Gott, erhör mein Rufen‘, so dürfen auch wir Gott in unseren dunklen Stunden anrufen, und ich bin mir sicher, er wird sich bei uns melden. Er hat es versprochen. Amen …“

In diesem Moment fahren die Gedanken von drei Gottesdienstbesuchern Achterbahn. Lisa M. sitzt in der letzten Reihe. Sie ist 29 Jahre alt, kommt seit zwei Jahren in die Gemeinde und fühlt sich hier pudelwohl. Die Leute sind nett, der Kaffee schmeckt wunderbar, und auch das Evangelium spricht sie an. Sie nimmt den Glauben ernst. Ebenso die Worte, die sie gerade gehört hat. Sie denkt: „Aber – das mache ich doch schon. Seit Tagen, Wochen, ach was, eigentlich schon seit Jahren bete ich um ein Zeichen von Gott. Irgendein Zeichen muss er mir doch endlich einmal zukommen lassen. Denn sonst bin ich bald weg hier. Mal ehrlich, wieso soll ich an einen Gott glauben, der sich nie zeigt? Ich erwarte ja nichts Großes. Keinen Feuerball, der vom Himmel kommt, und auch keinen säuselnden Wind. Ich will doch einfach nur Frieden in meinem Herzen haben. Einen Frieden, den ich schon so lange suche. Und wenn das stimmt, was der Herr Pfarrer da jede Woche von der Kanzel predigt, dann bekomme ich diesen Frieden von Gott. Aber ich spüre seit Jahren gar nichts! Und das macht mich fertig. Ich kann nicht mehr. Heute ist mein letzter Versuch. Okay, Gott, wenn du dich heute nicht meldest, dann war es das mit uns. Wie ging der Liedvers noch gleich? ,*Aus tiefer Not schrei ich zu dir, Herr Gott, erhör mein Rufen.*' Das ist deine allerletzte Chance."

Friedhelm K. sitzt in der dritten Reihe – wie immer. Der 53-Jährige ist Gemeindeältester, Kirchenchorleiter und kann an einer Hand abzählen, wie oft er im Gottesdienst gefehlt hat. Seit zwanzig Jahren gehört er mit seiner Familie zu dieser Gemeinde. Seine Kinder haben hier von der Krabbelgruppe bis zum Jugendkreis alles durchlaufen. Jetzt sind seine beiden Töchter schon seit zwei Jahren nicht mehr zu Hause. Sie wohnen in der nahe gelegenen Großstadt und studieren dort.

Er hat Verkündiger oder Pastoren kommen und gehen sehen. Sein Wort hat Gewicht in der Gemeinde. Als Unternehmensberater ist er es gewohnt, Verantwortung zu übernehmen und Entscheidungen zu treffen. Normalerweise hätte er dem jungen und beliebten Pastor nach so einem Schlusssatz aufmunternd zugelächelt und wohlwollend genickt. Normalerweise. Diesmal blickt er starr an ihm vorbei auf das große Kreuz, das hinter der Kanzel an der Wand hängt. Denn seit einigen Wochen ist alles anders. Sein Leben und das seiner Familie hat sich dramatisch verändert. Die Krebsdiagnose seiner Frau hat alle wie ein Faustschlag mitten ins Gesicht getroffen. Und das Schlusszitat der Predigt fühlt sich genau so an. „Leichter gesagt als getan", denkt sich Friedhelm K. „Ich habe schon seit einigen Tagen keine Worte mehr. Wie soll ich da denn bitte schön schreien? Ich bin fassungslos. Über Gott und über mich selbst. Wie oft habe ich anderen ein vermeintlich tröstliches Wort zugesprochen, wenn es ihnen schlecht ging. Das kam mir leicht von den Lippen, mir ging es ja auch gut. Und jetzt bin ich selbst betroffen und merke, dass mein Glauben überhaupt keine Substanz hat. Ich bin stinksauer auf Gott, und dabei ist es mir völlig egal, wie schlecht es anderen Menschen geht. Meine Frau ist krank! Sterbenskrank! Ich bin handlungsunfähig und einfach nur verzweifelt."

Mischa ist 19 und sitzt heute ganz hinten. Sein Erscheinen hat ihm einige erstaunte, aber sehr freundliche Blicke eingebracht. Er geht eigentlich gar nicht mehr in diese Gemeinde. Seitdem die Wochenendgestaltung nicht mehr von den eigenen Eltern festgelegt wird, nutzt er den Sonntag lieber zum Ausschlafen. Die Sache mit Gott war ja noch nie so sein Ding. Klar, die Jungscharspiele waren toll und die

Jugendgruppe war auch spaßig. Aber eigentlich ist er da auch nur wegen Tine hingegangen. So nach und nach hat er sich entfernt. Doch aus einem bestimmten Grund sitzt er heute wieder in seiner alten Gemeinde. Er weiß einfach nicht, wohin er sich sonst in dieser Angelegenheit wenden soll: Gestern hat Mischa die 45. Bewerbung in den Briefkasten geworfen. Und kurze Zeit später hat ihm seine Mutter die 44. Absage in sein Zimmer gebracht ...

Mischa hat nur stumm genickt, den Brief mit seinen zurückgeschickten Bewerbungsunterlagen entgegengenommen und gewartet, bis seine Mutter die Treppe hinuntergegangen war. Dann hat er seine Schreibtischschublade aufgemacht und den Brief hineingelegt. Er hat resigniert. In diesem Moment fiel sein Blick auf einen alten Kinderaufkleber, den er vor zehn Jahren mal an den Fensterrahmen geklebt hatte. „Rufe mich an in der N...", stand da. Der Rest des Aufklebers war nicht mehr lesbar. Mischa hatte schon mehrmals versucht, den Sticker abzupulen. Aber er kannte den Spruch in- und auswendig. Sollte er es etwa noch einmal versuchen?

Und so sitzt Mischa im Gottesdienst und hört den letzten Satz der Predigt. „Der hat ja ein Vertrauen zu Gott", denkt er beim Schlusslied des Gottesdienstes. „Irgendwie beeindruckend. Das hatte ich als Kind auch mal. Aber das Leben hat mich dermaßen desillusioniert. Und das mit gerade einmal 19 Jahren. Das darf nicht sein. Nach meinem Termin morgen beim Arbeitsamt gehe ich mal beim Pastor vorbei und frage nach, wie er das gemeint hat mit dem Melden von Gott."

Am Montagmittag sitzt Peter F. an seinem Schreibtisch. Sein Rechner ist zwar an, aber er hat schon seit einer halben Stunde nichts mehr geschrieben. Er starrt ins Leere und denkt an den gestrigen Gottesdienst. „War das eigentlich richtig, was ich da am Ende gesagt habe? Dass Gott sich bei denen meldet, die ihn anrufen? Ich meine, ich glaube es, aber was ist, wenn das jemand wirklich ausprobiert und Gott sozusagen die Pistole auf die Brust setzt? Was passiert dann? O Gott, ich predige etwas und habe Angst davor, dass das jemand ernst nimmt. Was bin ich nur für ein Pastor? Gott, bitte kümmere dich um meine Gemeinde. Zeig dich ihnen! Und mir!"

Im selben Moment klingelt es an der Tür des Pfarrhauses. Peter F. öffnet die Tür und sagt erstaunt: „Mensch Mischa, dich habe ich aber lange nicht gesehen. Wie schön! Komm rein. Willst du etwas trinken?"

„Ihre Route enthält Verkehrsstörungen"

Paul Gerhardt: Befiehl du deine Wege, 1653

Der Text des Liedes „Befiehl du deine Wege" von Paul Gerhardt steckt voller Überraschungen. Dass die Anfangswörter der einzelnen Strophen zusammengenommen den Bibelvers aus Psalm 37,5: „Befiehl dem Herrn deine Wege und hoffe auf ihn, er wird's wohlmachen" (LUT), ergeben, ist einigen schon bekannt. Dass das Lied viele Strophen hat, auch. Dass der Text allerdings einige Lebensnavigationstipps parat hält, ist, mir zumindest, neu:

1. *Befiehl* du deine Wege
und was dein Herze kränkt
der allertreusten Pflege
des, der den Himmel lenkt.
Der Wolken, Luft und Winden
gibt Wege, Lauf und Bahn,
der wird auch Wege finden,
da dein Fuß gehen kann.

2. *Dem Herren* musst du trauen,
wenn dir's soll wohlergehn;
auf sein Werk musst du schauen,
wenn dein Werk soll bestehn.
Mit Sorgen und mit Grämen
und mit selbsteigner Pein
lässt Gott sich gar nichts nehmen,
es muss erbeten sein.

3. *Dein …*

4. *Weg* hast du allerwegen,
an Mitteln fehlt dir's nicht;
dein Tun ist lauter Segen,

dein Gang ist lauter Licht;
dein Werk kann niemand hindern,
dein Arbeit darf nicht ruhn,
wenn du, was deinen Kindern
ersprießlich ist, willst tun.

5. *Und ...*

6. *Hoff,* o du arme Seele,
hoff und sei unverzagt!
Gott wird dich aus der Höhle,
da dich der Kummer plagt,
mit großen Gnaden rücken;
erwarte nur die Zeit,
so wirst du schon erblicken
die Sonn der schönsten Freud.

7. *Auf ...*

8. *IHN,* ihn lass tun und walten!
Er ist ein weiser Fürst
und wird sich so verhalten,
dass du dich wundern wirst,
wenn er, wie ihm gebühret,
mit wunderbarem Rat
das Werk hinausgeführet,
das dich bekümmert hat.

9. *Er ...*

10. *Wird's ...*

11. *Wohl ...*

12. *Mach End,* o Herr, mach Ende
mit aller unsrer Not;
stärk unsre Füß und Hände
und lass bis in den Tod

uns allzeit deiner Pflege
und Treu empfohlen sein,
so gehen unsre Wege
gewiss zum Himmel ein.

Die Stimme des Navigationsgeräts bringt meine Tagesplanung völlig aus dem Konzept. Stau voraus und der Termin findet ohne mich statt. Moment mal: Da wird schon eine neue Route berechnet. Wenn ich richtig Gas gebe, könnte ich es noch schaffen. Pustekuchen, die Idee hatten einige Hundert andere Autofahrer auch. Mist! Immer dann, wenn man es am wenigsten braucht. Stillstand! Ich stelle den Motor ab und sinke in den Fahrersitz. Ich öffne das Fenster und schaue in den Himmel. Ich lasse die Gedanken kreisen: *„Befiehl du deine Wege und was dein Herze kränkt der allertreusten Pflege des, der den Himmel lenkt. Der Wolken, Luft und Winden gibt Wege, Lauf und Bahn, der wird auch Wege finden, da dein Fuß gehen kann."*

Ja, so ein himmlisches Navi mit den besten Ausweichstrecken wäre schon nicht schlecht. Ich meine jetzt nicht für meine Autofahrten, sondern für meinen persönlichen Lebensweg. Wenn es ein Gerät geben würde, das mich warnt, bevor es zu spät ist, bevor ich scheitere oder einen Fehler mache, das wäre es doch. Ein Gerät, das mir sagt: „Daniel, du rast gerade mit voller Geschwindigkeit auf eine Sackgasse zu. Bitte wenden! Aber schnell!" Bestimmt wäre mein Leben dann etwas geradliniger verlaufen und ich hätte so manche scheinbar unnütze Wegstrecke vermeiden können.

Da wäre Gott doch eigentlich der perfekte Navigator. Er hat die Welt, nach eigenen Aussagen, recht ordentlich im Blick, kennt uns als Schöpfer und möchte, dass es uns gut geht. Also würde eine Standleitung zu jedem von uns gut in sein Konzept passen.

Dann hätte ich mir viele Unannehmlichkeiten erspart. Nach der Schule hätte mir eine kleine Info vom Navigationsgerät zum Thema Berufsberatung richtig geholfen: „Daniel, bewirb dich beim Radio, du weißt zwar noch nicht, warum, aber glaube mir, das wird dir Spaß machen." Die mehrjährige berufliche Findungsphase wäre mir erspart geblieben. Wer weiß, wo ich jetzt schon wäre, ohne diese ganzen Umwege oder Zickzackkurse. Gleich die richtige Entscheidung treffen, alles Unnütze vorab aussortieren und Wartezeiten vermeiden.

Auch im Alltag der Kommunikation wäre das nützlich. Ein Mechanismus, der mich warnt, *bevor* eine Diskussion mit meiner Frau zu einem Streit ausartet oder *bevor* ich mir hinterher auf die Zunge beiße und denke: „Mann, den Spruch hättest du dir aber auch wirklich sparen können." Das wär's! Oder?

Ich beobachte die Insassen des Wagens vor mir. Eine Familie. Die Mutter nutzt die Zeit des Stillstandes und ist nach hinten zu ihren Kindern gekrabbelt. Soweit ich das beurteilen kann, liest sie ihnen etwas vor. Im Rückspiegel beobachte ich ein Pärchen, dass die Zeit des Wartens mit Knutschen verbringt.

Ich schließe die Augen.

Moment mal, fällt es mir ein. Wenn ich diese Orientierungslosigkeit nach dem Zivildienst nicht durchlebt hätte, dann wäre ich auch nicht mit einer Musikgruppe durch Deutschland und die Schweiz getourt und dann hätte ich auch meine jetzige Frau nicht kennengelernt. Und wenn ich mich nicht mit diesen vielen Jobs als Postbote, Klamottenverkäufer oder Animateur über Wasser gehalten hätte, dann würde mir ein ganz schönes Stückchen Lebenserfahrung fehlen. Und wenn ich damals als kleiner Junge nicht die Scheiben der Gärtnerei meines Großvaters mit meinem Fußball kaputt gemacht hätte ... Nein, das kann ich mir nicht schönreden. Da fällt mir nichts ein.

Also, Umleitungen, Sackgassen und Umwege scheinen doch nicht immer schlecht zu sein. Auch wenn das erst im Rückblick ersichtlich ist. Und wenn ich ganz ehrlich bin: So manche dummen Dinge hätte ich mir in meinem Leben auch ohne ein solches Navi ersparen können. Meine Eltern hatten mir des Öfteren gesagt, dass Hausaufgaben sinnvoll sind. Ich habe es gehört, aber nicht ernst genommen. Und musste dafür mit einer Ehrenrunde in Klasse 5 die Konsequenzen tragen. Und mit ein bisschen gesundem Menschenverstand und etwas mehr Einfühlungsvermögen meinerseits würden auch ein paar Beziehungskonflikte nicht so hochkochen. Nur so nebenbei: Ich liebe meine Frau!

Beim genaueren Betrachten empfinde ich sogar so etwas wie eine Standleitung zu Gott. Er gibt mir Hinweise. Durch andere Menschen zum Beispiel (siehe meine Eltern), durch das menschliche Gehirn (siehe gesunder Menschenverstand) und durch Gefühle und Empfindungen, die ich als gottgegeben definiere und die andere vielleicht mit einem siebten Sinn übersetzen würden. Ich weiß, was mir und meinen Mitmenschen guttut, und auch, was mir und ihnen schadet.

Zum größten Teil zumindest. Ethik, Respekt und Nächstenliebe funktionieren als Navigatoren schon ganz gut. Mit einem gesunden Gottvertrauen kann ich die Dinge besser verarbeiten, die meinen Horizont übersteigen. Und die gute alte Bibel ist als Orientierung auch nicht zu verachten. Ich glaube, dass Gott uns eine gehörige Portion Verantwortung und Freiheit mit auf den Lebensweg gegeben hat. Und er will uns begleiten. So interpretiere ich Paul Gerhardts erste Verse. Das bedeutet jedoch nicht, dass auf Umwege, Sackgassen und manchmal auch Abkürzungen verzichtet werden kann.

„Befiehl du deine Wege und was dein Herze kränkt der allertreusten Pflege des, der den Himmel lenkt. Der Wolken, Luft und Winden gibt Wege, Lauf und Bahn, der wird auch Wege finden, da dein Fuß gehen kann."

Huuup. Ich schrecke auf. Das darf doch nicht wahr sein. Der Stau auf der Umgehungsstraße ist vorbei und das Pärchen hinter mir knutscht nicht mehr, sondern bedeutet mir mit einer unmissverständlichen Handbewegung, dass ich doch bitte weiterfahren soll. Das tue ich, und als mein Navi mir meldet: „Ich habe eine Alternativroute berechnet, die drei Minuten kürzer ist", schalte ich das Ding kurzerhand ab und aktiviere meinen guten alten Orientierungssinn. Ein bisschen Training für mein Gehirn kann ja nicht schaden.

Mit dem Herzen fotografieren

Paul Gerhardt: Die güldne Sonne
voll Freud und Wonne, 1666

Klick – große Momente werden gerne mit der Kamera festgehalten. Sonnenaufgänge zum Beispiel. Klick – schnell noch auf Facebook gepostet. Damit auch die anderen etwas davon haben. Doch so unterhaltsam und schön geteilte Videos und Fotos auch sind: An den Originalmoment kommen sie nie heran. Und trotzdem macht es Sinn, solche Erfahrungen zu teilen. Warum? Eine Antwort darauf bietet folgendes Lied:

1. Die güldne Sonne
   voll Freud und Wonne
   bringt unsern Grenzen
   mit ihrem Glänzen
   ein herzerquickendes, liebliches Licht.
   Mein Haupt und Glieder,
   die lagen darnieder;
   aber nun steh ich,
   bin munter und fröhlich,
   schaue den Himmel mit meinem Gesicht.

2. Mein Auge schauet,
   was Gott gebauet
   zu seinen Ehren
   und uns zu lehren,
   wie sein Vermögen sei mächtig und groß
   und wo die Frommen
   dann sollen hinkommen,
   wann sie mit Frieden
   von hinnen geschieden
   aus dieser Erden vergänglichem Schoß.

3. Lasset uns singen,
   dem Schöpfer bringen
   Güter und Gaben;
   was wir nur haben,
   alles sei Gotte zum Opfer gesetzt!
   Die besten Güter
   sind unsre Gemüter;
   dankbare Lieder
   sind Weihrauch und Widder,
   an welchen er sich am meisten ergötzt.

4. Abend und Morgen
   sind seine Sorgen;
   segnen und mehren,
   Unglück verwehren
   sind seine Werke und Taten allein.
   Wenn wir uns legen,
   so ist er zugegen;
   wenn wir aufstehen,
   so lässt er aufgehen
   über uns seiner Barmherzigkeit Schein.

7. Willst du mir geben,
   womit mein Leben
   ich kann ernähren,
   so lass mich hören
   allzeit im Herzen dies heilige Wort:
   Gott ist das Größte,
   das Schönste und Beste,
   Gott ist das Süßte
   und Allergewisste,
   aus allen Schätzen der edelste Hort.

8. Kreuz und Elende,
   das nimmt ein Ende;
   nach Meeresbrausen
   und Windessausen
   leuchtet der Sonne gewünschtes Gesicht.

Freude die Fülle
und selige Stille
wird mich erwarten
im himmlischen Garten;
dahin sind meine Gedanken gericht'.

Ich habe es schon gefühlte 1000 Mal probiert. Geklappt hat es noch nie. Einen Sonnenaufgang oder Sonnenuntergang so zu fotografieren, wie ich ihn in dem Moment erlebe, ist mir noch nie gelungen. Es ist auch unmöglich. Klar, es gibt tolle Sonnenfotos. Massenweise. Aber wenn man einmal einen Auf- oder Untergang der Sonne in echt gefühlt und gesehen hat, dann wird es schwer, eine Kopie auf einem Foto oder in einem Film zu akzeptieren. *Die güldne Sonne* ist in echt einfach am besten zu genießen. Spüren kann ich sie auch nur, wenn ich mein Gesicht wirklich in ihre Richtung drehe und nicht auf ein Foto starre. Klingt logisch. Es gibt noch andere Vorzüge: Die Laune bessert sich erwiesenermaßen, wenn die Sonne im Spiel ist, und wichtiges Vitamin D wird durch ihr Licht gebildet. In Maßen tut uns die Sonneneinstrahlung richtig gut. Zusammengefasst: Die schönsten Bilder werden mit dem Herzen fotografiert.

Das ging vermutlich auch Paul Gerhardt so. Der musste diese Sonnenmomente übrigens besonders gut konservieren. Denn wenn man sich die Texte, die über sein Leben berichten, durchliest, dann waren es in der Mehrzahl eher die Gewitterwolken, die sich über Paul Gerhardt und seiner Familie festgesetzt hatten. Als er dieses Lied schrieb, waren bereits vier seiner fünf Kinder gestorben und die Schrecken des Dreißigjährigen Krieges noch sehr präsent.

Ich stelle mir vor, wie Paul Gerhardt nach einer schlaflosen Nacht, in der ihn die Ängste seines Lebens wieder einmal umgetrieben haben, schon kurz vor Sonnenaufgang das Bett verlassen hat und nach draußen gegangen ist. Dort hat er sich auf eine Bank gesetzt und mit angeschaut, wie die ersten Sonnenstrahlen gegen die Nacht kämpften. Und je mehr das Licht durch die Dämmerung brach, umso deutlicher spürte der Berliner Pfarrer, wie sich auch in seinem Herzen die dunklen Gedanken und Ängste zurückzogen. Die Zuversicht wuchs mit dem morgendlichen Licht. Die Bilder der Vergangenheit verblassten und er bekam frische Kraft und neuen Mut. Zumindest für den aktuellen Tag.

Paul Gerhardt glaubte daran, dass die Sonne nicht aus eigener Kraft leuchtet. Dahinter steckte für ihn die schöpferische Kraft Gottes. Das wird spätestens am Anfang der zweiten Strophe deutlich. Und auch wenn er die ganzen schrecklichen Ereignisse nicht ungeschehen machen konnte, so wurde er doch getröstet, weil er sich nicht alleine fühlte. *„Abend und Morgen sind seine Sorgen; segnen und mehren, Unglück verwehren sind seine Werke und Taten allein."* Das kann nach Resignation klingen. Nach dem Motto: „Gott macht doch sowieso, was er will." Allerdings klingt es im Kontext von Paul Gerhardts Leben eher nach einem vertrauensvollen Seufzer in Richtung Gott, von dem er alles erwartet.

Für mich übersetzt meint Paul Gerhardt hier: „Wenn du mich in miese Situationen führst, dann bist du auch dafür zuständig, dass ich da einigermaßen heil wieder herauskomme." Ob das gelungen ist, ist fraglich. Man kann ihn nicht unbedingt als Schoßkind des Glücks bezeichnen. Zumindest nicht nach menschlichem Ermessen. Denn bereits zwei Jahre nach der Entstehung dieses Textes verstarb auch seine Frau. Umso erstaunlicher, dass ganz viele Lieder von Paul Gerhardt gerade nicht von Resignation, sondern eher von Zuversicht geprägt sind.

Die güldne Sonne voll Freud und Wonne bildet nur einen kleinen Bruchteil des Lebens und Schaffens seines Dichters ab. Es ist wie ein altes Foto, das ich irgendwo auf dem Dachboden gefunden habe – ein sehr verstaubtes, vergilbtes Foto. Ein Bild, das ich erst einmal genauer betrachten muss, bevor ich die Botschaft für mich übersetzen und dann auch verstehen kann. Die alten Texte, die für mich oft fremd und störrisch wirken. Aber je länger ich die Worte lese und die Melodie vor mich hin singe, umso klarer wird mir, dass das Lied auch heute noch Kraft hat. Woran das genau liegt, kann ich gar nicht sagen. Vielleicht tatsächlich an dem von Gerhardt gemalten Bild der Sonne. Denn ich kenne das auch: Sorgen und Probleme wiegen in dunklen Nächten tatsächlich viel schwerer als an einem strahlenden Frühlingsmorgen. Am Abend lege ich mich grübelnd ins Bett, bin stundenlang wach und weiß nicht, wie ich den morgigen Tag überstehen soll. Nachdem der Schlaf mich dann doch für einige Stunden übermannt hat, erwache ich im dunklen Zimmer und denke immer noch: „Bleib am besten liegen." Aber schon unter der Dusche werde ich etwas zuversichtlicher, und spätestens wenn ich die Haustür hinter mir zuschlage und in die Sonne blinzele, bin ich zumindest vorsichtig optimistisch. Dabei hat sich mein Problem faktisch um keinen Millimeter bewegt. Aber meine Laune hat einen Quantensprung gemacht. Ist das ein naturwissenschaftliches Phänomen? Vielleicht. Für mich ist es auf jeden Fall eine zusätzliche Motivationsspritze von dem Gott, der die Sonne gemacht hat.

Das klappt allerdings nicht immer. Manchmal kann die Sonne scheinen, wie sie will, da ist und bleibt meine Seele trotzdem meilenweit von einer „güldenen" Stimmung entfernt. Da hadere ich mit dem „Sonnenbauer", setze meine Sonnenbrille auf und ziehe mich lieber in den Schatten zurück. Das ist okay! Für Gott sowieso. Und manchmal auch ehrlicher als ein aufgesetztes „Sonn-Tagsgesicht". Aber ich fange dann auch gerne an zu schmollen. Und spätestens dann beschämt mich die Biografie von Paul Gerhardt ein bisschen. Denn so viel Zuversicht könnte ich angesichts der Lebenserfahrungen des Dichters nicht in meine Zeilen packen. Das macht mich etwas demütiger.

Und es zeigt mir, dass es wichtig ist, „Fotos" von anderen Menschen zu betrachten, aber dass es danach sehr viel Sinn macht, sich von den Fotos zu lösen und die eigene, individuelle Beziehung zu Gott zu aktivieren. Denn ich bin kein Dichter aus dem 17. Jahrhundert, sondern Daniel Schneider. Und der macht seine eigenen Erfahrungen mit Gott. Durch Begegnungen, Gebete oder Sonnenaufgänge. Also: Es macht Sinn, sich viele Fotos anzuschauen, auf denen die Sonne auf- oder untergeht. Aber nur, wenn man darüber nicht vergisst, die wohltuenden warmen Strahlen auch regelmäßig auf der eigenen Haut zu spüren.

Öfter mal einen Baum umarmen

Carl Boberg:
Du großer Gott, wenn ich die Welt betrachte, 1885

Carl Boberg hatte einen ganz klaren Heimvorteil in Sachen Schöpfung. Ich glaube zwar nicht, dass Gott die Vegetation in Nordeuropa bevorzugt behandelt hat, aber die schwedische Landschaft ist schon ein absoluter Hingucker. Und so verwundert es nicht, dass der Schwede Boberg eine Ode an die Schöpfung gedichtet hat. Inspirationen hatte er ja genug. Herausgekommen ist ein Lobpreissong, der die Kernthemen der Bibel in vier Strophen packt.

1. Du großer Gott, wenn ich die Welt betrachte,
   die du geschaffen durch dein Allmachtswort,
   wenn ich auf alle jene Wesen achte,
   die du regierst und nährest fort und fort …

   Refrain:
   … dann jauchzt mein Herz dir, großer Herrscher, zu:
   Wie groß bist du! Wie groß bist du!
   Dann jauchzt mein Herz dir, großer Herrscher, zu:
   Wie groß bist du! Wie groß bist du!

2. Blick ich empor zu jenen lichten Welten
   und seh der Sterne unzählbare Schar,
   wie Sonn und Mond im lichten Äther zelten,
   gleich goldnen Schiffen hehr und wunderbar …

3. Wenn mir der Herr in seinem Wort begegnet,
   wenn ich die großen Gnadentaten seh,
   wie er das Volk des Eigentums gesegnet,
   wie er's geliebt, begnadigt je und je …

4. Und seh ich Jesum auf der Erde wandeln
in Knechtsgestalt, voll Lieb und großer Huld,
wenn ich im Geiste seh sein göttlich Handeln,
am Kreuz bezahlen vieler Sünder Schuld …

Im Theologiestudium: Der Unterricht ist gerade zu Ende. Unser Dozent für das Alte Testament packt seine Unterlagen zusammen und schließt die Einheit der Schöpfungsgeschichte augenzwinkernd mit folgenden Worten: „Und jetzt: Genießen Sie die Schöpfung. Wenn es Ihnen hilft, können Sie auch mal einen Baum umarmen. Nehmen Sie das Schöne wahr, das uns umgibt."

Auch wenn ich viele Schöpfungstheorien und Auslegungen nicht mehr parat habe, dieser Satz ist bei mir hängen geblieben. Diese halb spaßig, halb ernst gemeinte Aussage hat die Verbindung zwischen der Schöpfung, wie sie in der Bibel beschrieben ist, und der Schöpfung, wie ich sie heute erlebe, perfekt auf den Punkt gebracht.

Was gibt es nicht für herzhafte Diskussionen über die Art und Weise, wie die Welt entstanden ist! In schier endlosen und nicht selten ermüdenden Debatten über die theologischen und/oder naturwissenschaftlichen Erkenntnisse der Schöpfung versuchen sich Wissenschaftler und Theologen zu übertrumpfen. Wir Menschen wissen schon eine ganze Menge über unseren Planeten, aber der absolute Anfang, der Kern des Lebens, bleibt verborgen. Was war vor einem eventuellen Urknall? Wie entsteht aus einem Wort von Gott Licht? War der Urknall ein Wort von Gott? Fragen über Fragen, die, da lehne ich mich jetzt weit aus dem Fenster, kein Mensch im Diesseits lösen wird.

Ich finde das auch gar nicht so wichtig. Viel elementarer ist doch die Frage, wie wir mit dieser Schöpfung umgehen, wie wir sie nutzen, missbrauchen, wertschätzen oder links liegen lassen. In der Bibel, im sogenannten Schöpfungsbericht, steht: *„Gott, der Herr, brachte den Menschen in den Garten Eden. Er sollte ihn bebauen."* (1. Mose 2,15)

Gott hat uns also ausdrücklich den Auftrag gegeben, die Erde zu nutzen. Wir dürfen da schon einiges rausholen. Und das tun wir auch. Aber zwei Wörter habe ich gerade eben verschwiegen. Komplett lautet der Vers nämlich:

„Gott, der Herr, brachte den Menschen in den Garten Eden. Er sollte ihn bebauen und bewahren." Darüber lohnt es sich mehr nachzu-

denken als über die Frage, ob die Welt jetzt wirklich in sieben Tagen geschaffen worden ist oder ob es doch eher ein paar Millionen Jahre gedauert hat.

Bebauen und bewahren – eigentlich eine simple Erklärung. Drei Wörter. Und trotzdem so schwer umzusetzen. Beispiele, die nicht funktionieren und in denen das Bebauen in übelster Form übertrieben wird, gibt es genug. Nicht nur im Großen, auch in meiner persönlichen, kleinen, häuslichen Mülltrennung. Und ich frage mich, warum Gott uns diese Verantwortung übertragen hat. Hat er gewusst, dass wir so unwirtschaftlich mit unseren Ressourcen umgehen, dass wir Dinge ungleich verteilen? Warum lässt er das zu?

Ich habe darauf keine Antwort. Aber ein Zitat hilft mir, mit dieser Ungewissheit umzugehen: „Angenommen, ich wäre Gott", sagt Professor Doktor Ivo Gut, der Direktor des Nationalen Genom-Analyse-Zentrums in Barcelona in einem Interview sinngemäß. „Das Letzte, was ich tun würde: alles schon fix und fertig machen. Nein, ich würde ein System erschaffen, das sich selbst entwickeln kann."

Ich möchte diesen Auftrag ernst nehmen: bebauen und bewahren. Da, wo ich es kann. In meinem Umfeld. Ich habe ein bisschen Sorge, schon bei den Kleinigkeiten zu scheitern – z.B. fair einkaufen oder das Auto stehen lassen und Rad fahren. Aber ich will es versuchen und gebe mein Bestes. Ich möchte mich ebenfalls nicht von den großen und kleinen Umweltkatastrophen unterkriegen lassen, sondern die schöne Seite der Schöpfung im Blick haben. Auch wenn ich nicht immer in die schwedische Provinz mit den vielen Nadelwäldern und großen Seen reisen kann – ein Blick in unseren Garten mit dem Walnussbaum und dem frisch gemähten Rasen reicht manchmal schon aus, um Carl Boberg zu zitieren: „… dann jauchzt mein Herz dir, großer Herrscher, zu: Wie groß bist du! Wie groß bist du! Dann jauchzt mein Herz dir, großer Herrscher, zu: Wie groß bist du! Wie groß bist du!"

Gott ist für Boberg die Adresse der Dankbarkeit. Mehr noch: Er ist für ihn der Sinn des Lebens. In den Strophen 3 und 4 spinnt der schwedische Dichter die komplette Heilsgeschichte geschickt weiter: von der Schöpfung zu seinem Plan mit der Krone der Schöpfung, dem Menschen: „Wenn mir der Herr in seinem Wort begegnet, wenn ich die großen Gnadentaten seh, wie er das Volk des Eigentums gesegnet, wie er's geliebt, begnadigt je und je …"

Das Alte Testament in vier Zeilen zusammengefasst. Sehr verkürzt, aber dennoch ausreichend für zwei Kernbotschaften der Bibel: Gnade und Segen. Und in Strophe vier setzt er dann noch einen drauf: *„Und seh ich Jesum auf der Erde wandeln in Knechtsgestalt, voll Lieb und großer Huld, wenn ich im Geiste seh sein göttlich Handeln, am Kreuz bezahlen vieler Sünder Schuld …"*

Die Geschichte von der Menschwerdung Gottes ist mindestens genauso schwer zu begreifen wie die Entstehung des Universums. Und wieso die Kreuzigung und Auferstehung von Jesus uns Menschen alle Sünden wegnehmen kann, ist für mich ebenfalls ein Buch mit mehr als sieben Siegeln. Darüber kann ich auch ehrlich gesagt nicht so schnell hinweggehen wie über den genauen Ablauf bei der Entstehung der Welt. Denn da gibt es einen entscheidenden Unterschied: Kann man die Schöpfung wenigstens noch bestaunen, anfassen und einatmen, geht es bei der Heilsgeschichte komplett um übernatürliche Dinge, die unsere Realität übersteigen. Die zwar auch irgendwie spürbar und erlebbar sind, aber trotzdem so komplett gegen jede Regel gehen, dass der Verstand aussetzt. Meiner zumindest. Und das nervt mich kolossal. Warum kann ich nicht an etwas glauben, was leichter verdaulich und etwas verständlicher klingt?

Zweifel gehören zu meinem Glaubensleben schon immer dazu. Das macht mich mitunter fast wahnsinnig und wird sich wahrscheinlich auch nicht ändern. Aber es war bisher kein Grund für mich, meinen Glauben über Bord zu werfen. Denn er trägt mich, obwohl ich vieles nicht verstehe. Und ich vermute, dass es Carl Boberg ähnlich ging. Er versucht auch gar nicht erst, zu erklären oder zu beweisen. Er beschreibt einfach das, was er glaubt. Er nimmt die Leser seiner Zeilen mit auf seine Glaubensreise und spricht von den unfassbaren Taten Gottes in einer vertrauensvollen Selbstverständlichkeit, die einem persönlichen Bekenntnis gleichkommt.

Anders kann ich auch nicht über meinen Glauben reden. Möchte ich auch gar nicht. Ich kann nur meine Sicht der Dinge schildern. Dass Gott uns Menschen liebt, macht mich glücklich. Dass er gnädig ist und segnet, beruhigt mich. Es gibt mir Energie und Lebensmut. Das spüre ich körperlich. Durch ein Gebet, eine Begegnung mit anderen Menschen oder durch einen Spaziergang im ostwestfälischen Wald. Egal ob mit oder ohne Baumumarmung.

Weniger ist mehr

Paul Gerhardt: Du meine Seele, singe, 1653

Mysteriös, unbewiesen und gerade in Religion und Kunst immer wieder gern postuliert: Die Seele ist unnahbar und trotzdem ganz nah dran an der Persönlichkeit des jeweiligen Menschen. Vielleicht sollte man sie einfach öfter einmal persönlich ansprechen, so wie Paul Gerhardt das in dem Lied „Du meine Seele, singe" tut:

1. Du meine Seele, singe,
   wohlauf und singe schön
   dem, welchem alle Dinge
   zu Dienst und Willen stehn.
   Ich will den Herren droben
   hier preisen auf der Erd;
   ich will Ihn herzlich loben,
   solang ich leben werd.

2. Wohl dem, der einzig schauet
   nach Jakobs Gott und Heil!
   Wer dem sich anvertrauet,
   der hat das beste Teil,
   das höchste Gut erlesen,
   den schönsten Schatz geliebt;
   sein Herz und ganzes Wesen
   bleibt ewig ungetrübt.

6. Er ist das Licht der Blinden,
   erleuchtet ihr Gesicht;
   und die sich schwach befinden,
   die stellt er aufgericht´.
   Er liebet alle Frommen,
   und die ihm günstig seind,
   die finden, wenn sie kommen,
   an ihm den besten Freund.

8. Ach ich bin viel zu wenig,
   zu rühmen seinen Ruhm;
   der Herr allein ist König,
   ich eine welke Blum.
   Jedoch weil ich gehöre
   gen Zion in sein Zelt,
   ist's billig, dass ich mehre
   sein Lob vor aller Welt.

„Willst du was gelten, mach dich selten." Mit diesem Spruch hat der von mir sehr verehrte und leider verstorbene Opa meiner Frau des Öfteren unsere, in seinen Augen doch sehr häufigen, Zusammentreffen unserer damals noch jungen Beziehung kommentiert. Was er damit sagen wollte: „Überfrachtet euch nicht mit euch selbst. Lasst euch mal Luft zum Atmen." Ganz unrecht hatte er nicht. Und zum Glück haben wir es auch irgendwann gemerkt.

„Weniger ist mehr", lautet ein wichtiger Leitspruch der Kommunikation. Es ist besser, wenn ein Vortragender bei seinen Zuhörern am Ende seiner Präsentation das Gefühl hinterlässt, sie hätten ihn gerne noch länger sprechen hören, statt dass seinem Publikum die Worte: „… und damit komme ich zum Schluss meiner Rede …" wie eine Erlösung vorkommen.

Ich kenne etwas, für das diese zwei Weisheiten gelten: Die *Seele* ist das Paradebeispiel für etwas Nichtfassbares, Mystisches, über das jeder gerne mehr erfahren würde. Wir klammern uns an verschiedene Definitionen, die versuchen, einen Bruchteil dessen zu erfassen, was die Seele wirklich ist. Der wohl am weitesten verbreitete Begriff für die Seele lautet „Psyche" und fasst darunter alles Denken, Fühlen und Empfinden eines Menschen zusammen. Eine sehr abenteuerlich anmutende Theorie besagt, dass die Seele 21 Gramm wiegt, weil tote Menschen angeblich direkt nach dem Tod 21 Gramm an Gewicht verlieren und das als Beweis dafür gilt, dass die Seele den Toten nach dem letzten Atemzug verlässt. Schon Platon suchte die Seele im menschlichen Körper und verortete sie am ehesten im Gehirn. Den Beweis ist er schuldig geblieben, aber auch die Wissenschaft des 21. Jahrhunderts hat keine wesentlichen neuen Erkenntnisse zu bieten. Die Seele, wer oder was auch immer sie ist, hat es verstanden, im Gespräch zu bleiben, ohne viel von sich preiszugeben.

Und trotzdem ist sie zeitweise sehr präsent. Redewendungen wie „Das tut mir in der Seele weh" oder „Mit Leib und Seele" sprechen Bände. Die Seele ist bei uns Menschen mitten im Leben. Sie wird mit den inneren Werten in Zusammenhang gebracht. Mit Gefühlen, Stimmungen und Emotionen. Die Seele ist leicht zu verwechseln mit den organunabhängigen Funktionen, die dem Herzen zugeordnet werden. Aber wer weiß, vielleicht arbeiten sie ja Hand in Hand?

In der Bibel steht, dass Gott uns Menschen seinen göttlichen Atem einhauchte (1. Mose 2,7) und uns damit seinen Stempel aufdrückte. Dieser Atem wird von Generation zu Generation weitergegeben und so trägt jeder Mensch etwas Göttliches in sich. Der göttliche Atem wird sozusagen weitervererbt. Das ist eine schöne Definition von Seele, finde ich. Denn dieser Atem ist lebenswichtig für uns. Rein physisch, aber auch im übertragenen Sinn. Die Möglichkeit, zu fühlen, zu denken und zu kommunizieren, ist ein hochkomplexes wissenschaftliches Thema, welches unter keinen Umständen vereinfacht oder nur aus geistlicher Perspektive betrachtet werden sollte. Ich glaube aber, dass die Wissenschaft nur mit dem Material arbeiten kann, das sie von der Natur an die Hand bekommen hat. Und da komme ich an Gott nicht vorbei.

Im jüdischen Glauben ist es verboten, den Gottesnamen auszusprechen. Der hebräische Name für Gott lautet JHWH, und genau diese Laute sind für die Juden tabu. Sie umschreiben Gott mit vielen anderen Begriffe wie zum Beispiel Adonai, das bedeutet: „mein Herr".

Ein jüdischer Naturwissenschaftler und Rabbi vertritt die Theorie, dass die Juden, und eigentlich alle Menschen, die Bedeutung von JHWH auch gar nicht aussprechen müssen. Vielmehr leben sie sie im ganz natürlichen Ein- und Ausatmen. Das bedeutet: Wir Menschen atmen den Namen Gottes ständig ein und aus. Wir können ohne JHWH gar nicht leben. Er strömt in unseren Körper herein und wieder hinaus. Buchstäblich vom ersten bis zum letzten Atemzug. Das ist zugegebenermaßen ein Ansatz, der alle Menschen vereinnahmt. Auch die, die mit Gott gar nichts zu tun haben möchten. Aber er gefällt mir viel besser als ein Erklärungsversuch, der einige Menschen von vornherein ausschließt.

Nach dieser Definition hat die Seele neben dem göttlichen Aspekt auch eine Menge mit dem aktuellen Leben zu tun. Bleiben wir beim Atem: Der sagt eine Menge über meine momentane Gefühlslage aus.

Wenn ich ruhig und ausgeglichen bin, geht mein Atem gleichmäßig und flach. Bei Anstrengung, Erregung oder Stress wird die Atmung schneller. Bewusstes Atmen ist Bestandteil vieler Meditationsübungen und soll dem Körper und dem Geist etwas Gutes tun.

Beweisbarer wird die Seele dadurch allerdings nicht. Das ist mir aber auch gar nicht wichtig. Meine Definition von Seele muss nicht bewiesen werden. Sie muss sich für mich im Alltag bewähren. Denn ich brauche einen Platz für meine Seele. Ich möchte sie verorten, und das geht bei mir am besten mit Gott. Da fühle ich mich seelenverwandt mit Paul Gerhardt. Der glaubte auch an eine Seele. Und er glaubte daran, dass die Seele etwas mit Gott zu tun hat. Mehr noch, er war davon überzeugt, dass die Seele mit Gott kommunizieren kann. Das Lied *Du meine Seele, singe* beginnt ja mit ebendieser Aufforderung. Und viele andere Texte von ihm weisen darauf hin, dass seine Seele ganz eng mit Gott verbunden war. Gerhardt hatte die Gabe, seinen Gefühlen Worte zu verleihen. Das gelingt nicht jedem in dieser Form.

Meine Seele, mein Herz oder meine Psyche, wie auch immer man es nennen will, transportiert meine Gefühle. Wenn ich mich freue, teile ich das mit. Und wenn es nur durch ein Lächeln ist. Manchmal flippe ich aus, springe herum. Wenn ich traurig bin, merkt man mir das an. Nicht jeder, aber meine engsten Vertrauten wissen Bescheid. Die Augen werden nicht umsonst als „Spiegel der Seele" bezeichnet. Wenn ich liebe, dann umarme ich meine Liebsten. Mein Seelenleben hat also ganz viel mit mir, aber auch mit meiner Umwelt zu tun. Mit meinen Mitmenschen oder der Natur. Und trotzdem bleibt sie anderen verborgen. Ich bestimme, wie sehr ich sie in mein Leben und in meine Seele hineinschauen lasse.

„Willst du was gelten, mach dich selten." Oder: „Weniger ist mehr." Die Seele ist nicht fassbar. Für den Verstand schon einmal gar nicht. Sie ist verborgen, besonders und sensibel. Sie überzeugt nicht durch Lautstärke oder Vehemenz. Sie liebt die leisen Töne. Man muss schon genau hinhören, um sie wahrzunehmen, und man muss genau hinsehen, um etwas von ihr zu erfassen. Dafür braucht es manchmal Zeit. Ein Spaziergang mitten im Alltag, ein kurzer Besuch bei einem Freund oder ein bewusst gesprochenes Gebet eignen sich hervorragend, um die eigene Seele und die meiner Mitmenschen zu treffen und ihnen Gutes zu tun. Und um Zeit mit Gott zu verbringen.

Burg ist nicht gleich Burg

Martin Luther: Ein feste Burg ist unser Gott, 1529

Deutschland ist ein Burgenland. Majestätisch ziehen sich die altehr-
würdigen Bauwerke quer durch die Republik, und selbst eine Burgru-
ine gilt noch als touristische und kulturelle Attraktion. Die Gemäuer
atmen Geschichte und stehen für Schutz und Sicherheit. Wobei man
da auch geteilter Meinung sein kann.

1. Ein feste Burg ist unser Gott,
   ein gute Wehr und Waffen.
   Er hilft uns frei aus aller Not,
   die uns jetzt hat betroffen.
   Der alt böse Feind
   mit Ernst er's jetzt meint;
   groß Macht und viel List
   sein grausam Rüstung ist,
   auf Erd ist nicht seinsgleichen.

2. Mit unsrer Macht ist nichts getan,
   wir sind gar bald verloren;
   es streit' für uns der rechte Mann,
   den Gott hat selbst erkoren.
   Fragst du, wer der ist?
   Er heißt Jesus Christ,
   der Herr Zebaoth,
   und ist kein andrer Gott,
   das Feld muss er behalten.

3. Und wenn die Welt voll Teufel wär
   und wollt uns gar verschlingen,
   so fürchten wir uns nicht so sehr,
   es soll uns doch gelingen.
   Der Fürst dieser Welt,
   wie sau'r er sich stellt,
   tut er uns doch nicht;

das macht, er ist gericht':
ein Wörtlein kann ihn fällen.

4. Das Wort sie sollen lassen stahn
und kein' Dank dazu haben;
er ist bei uns wohl auf dem Plan
mit seinem Geist und Gaben.
Nehmen sie den Leib,
Gut, Ehr, Kind und Weib:
Lass fahren dahin,
sie haben's kein' Gewinn,
das Reich muss uns doch bleiben.

Es ist kalt, es zieht und es ist ungemütlich. Außerdem fressen einen die Kosten regelrecht auf. Fragen Sie mal einen Burgbesitzer, wie viel von der romantischen Ritter- und Lagerfeuerromantik im Jahr 2016 noch übrig geblieben ist. „Nicht viel", werden die meisten antworten. „Wenn es sie denn überhaupt je gegeben hat." Ein Leben auf der Burg war damals mühsam und ist es heute noch.

Mühsam – genau so würde ich die Auseinandersetzung mit dem Lied „Ein feste Burg" auch beschreiben. Es ist eckig, kantig, ungemütlich und behandelt Themen, mit denen ich mich eigentlich gar nicht beschäftigen möchte. Schon in Strophe 1 springen mich die Signalwörter „Not" und der „alt böse Feind" an. Also, Gesangbuch zuklappen und schnell an was Schönes denken ... Denkste! Das kann es ja auch nicht sein. Immerhin ist das Lied eines der bekanntesten Werke von Martin Luther. Aber wie kann ich mich einem Text nähern, dessen Inhalte mich komplett runterziehen?

Zunächst halte ich mich einfach an den ersten Zeilen des Liedes fest. *„Ein feste Burg ist unser Gott, ein gute Wehr und Waffen. Er hilft uns frei aus aller Not, die uns jetzt hat betroffen."* Zu diesen beiden Sätzen flüchte ich immer wieder zurück, wenn die Gedanken schwarz werden und die seelische Abwärtsspirale beginnt. Das habe ich von Luther selbst gelernt. Als er über die dunkle Seite Gottes nachdachte und über die Fragen, warum Gott das Leid auf der Welt zulässt und warum auch in der Bibel von so viel Grausamkeit zu lesen ist, war ihm immer wichtig zu betonen: Ich halte mich nie zu lange mit der dunklen Seite Gottes auf, sondern flüch-

te immer schnell auf die liebende Seite und in die Arme des lieben-
den Vaters.

Zweitens ordne ich das Lied historisch ein. Es ist wahrscheinlich
vor 1529 entstanden. Das war die große Zeit der Burgen, aber auch
die große Zeit der Pest und allerlei anderer unschöner Lebensumstände. Warum Martin Luther das Lied genau geschrieben hat, ist unklar,
und ich möchte mich nicht an den Spekulationen beteiligen. Allerdings kann man mit Fug und Recht sagen: Sein Text spiegelt alles andere als absolute Sorglosigkeit wider. Luther stand unter Druck, von
außen und von innen. Er hatte sich viele Feinde gemacht. An seinen
Ansichten schieden sich die Geister: Entweder man war ein glühender
Verehrer seiner Lehre oder man war strikt gegen ihn. Schließlich hatte seine Reformation ein vormals geordnetes System völlig aus dem
Gleichgewicht gebracht. Das hilft mir, die Wortwahl zu entschlüsseln
und mich in seine Zeit zu versetzen. Zumindest ein bisschen.

Und drittens muss man da manchmal einfach durch. Es kann ja
nicht nur immer alles schön, friedlich und toll sein. Nein, das war
1529 nicht so, und auch heute brauchen wir keine große Sachkennt-
nis, um festzustellen: Vieles, was auf dieser Welt passiert, lässt darauf
schließen, dass das Handeln der Menschen sehr schnell unschöne
Ausmaße annehmen kann. Rein realistisch betrachtet ist somit Hilfe
von außen nötig. Für Martin Luther war es ganz klar: Der Teufel wü-
tet auf der Erde, und nur Jesus Christus kann ihn besiegen. Und für
uns Menschen ist es besser, wenn wir uns hinter den sicheren, wenn
auch zugigen Mauern aufhalten, sprich: in einer Beziehung zu Gott.
Damit leben wir nicht automatisch in einem Elfenbeinturm, warten
auf den Jüngsten Tag und bekommen von dem ganzen Elend nichts
mit. Im Gegenteil: Die Pest machte damals auch vor Burgmauern, ge-
schweige denn vor Christen nicht halt. Aber der zuversichtliche Blick
auf jemanden, der stärker ist als die äußeren Umstände, bringt Hoffnung. Der Blick auf jemanden, der Souveränität, Liebe und Macht
ausstrahlt. Damals wie heute.

Und so geht Luther munter weiter in seinem Szenario zwischen
Gut und Böse, zwischen Himmel und Hölle. Strophe drei spricht
da Bände: *„Und wenn die Welt voll Teufel wär und wollt uns gar verschlingen, so fürchten wir uns nicht so sehr, es soll uns doch gelingen.
Der Fürst dieser Welt, wie sau'r er sich stellt, tut er uns doch nicht; das
macht, er ist gericht': Ein Wörtlein kann ihn fällen."*

Mannomann, eine Welt voller Teufel, also voller Böswilligkeit, Zank und Streit? Und ob ich mich da fürchte. Selbst im Hochsicherheitstrakt der Burg würde ich da mit den Zähnen klappern. Das klingt ja danach, als ob das Gute komplett raus ist aus der Nummer. Zum Glück hat Luther am Ende der Strophe quasi eine Fluchtmöglichkeit eingebaut. Ein Wort kann dem Bösen Einhalt gebieten. Gott ist stärker.

Das dicke Ende kommt für mich übrigens am Schluss des Liedes. Bei dem Satz: *„Nehmen sie den Leib, Gut, Ehr, Kind und Weib: Lass fahren dahin, sie haben's kein' Gewinn, das Reich muss uns doch bleiben"*, setze ich direkt aus beim Gesang und presse so fest die Lippen aufeinander, dass sie blau anlaufen. Das kann niemand ernsthaft so locker-flockig dahersingen, oder?! Nennen Sie mich kleingläubig, aber wenn Leib und Leben meiner Liebsten in Gefahr sind und ich das auch noch als Glaubensprüfung akzeptieren muss, dann möchte ich die Burg auf der Stelle verlassen. Egal, ob sie Gott gehört oder nicht.

Und so endet meine Liedbetrachtung dann doch relativ bedrückt. Aber will man so enden? Nein. Und muss man zum Glück auch nicht. Ich lese, dass Luther bei der Textentstehung von Psalm 46 inspiriert worden sein soll. Also schnappe ich mir meine Bibel, überblättere die dunklen Geschichten des Alten Testaments und lande bei den Psalmen. Die mag ich, weil die Autoren der biblischen Liedersammlung aus einem Leben voller Emotionen schöpfen. Und ich werde nicht enttäuscht. Da steht:

„Gott ist unsre Zuflucht und unsre Stärke, der uns in Zeiten der Not hilft. Deshalb fürchten wir uns nicht, auch wenn die Erde bebt und die Berge ins Meer stürzen, wenn die Ozeane wüten und schäumen und durch ihre Wucht die Berge erzittern! (...) Der allmächtige Herr ist bei uns; der Gott Israels ist unser Schutz." (Psalm 46,2-4.12)

Dieser Psalm macht mir Mut. Warum eigentlich? Es steht doch genau das Gleiche drin wie in den Zeilen Luthers, nur anders verpackt. Vielleicht ist genau das der Schlüssel. Mich spricht die Lyrik der jüdischen Erzählkultur mehr an als die derbe Ansprache von Martin Luther. Aber ohne sein Lied wäre ich nicht auf diesen Psalm gestoßen.

Deshalb macht es Sinn, sich mit Zeilen auseinanderzusetzen, die erst einmal Abwehr hervorrufen. Die Beschäftigung damit bedeutet keinesfalls stillschweigende Zustimmung, aber sie führt dazu, dass ich mir meiner Glaubensüberzeugungen wieder mehr bewusst werde. Und ich weiß, dass meine feste Burg ebenfalls Gott sein kann. Von daher: Herzlichen Dank für diese wichtige Erkenntnis, Herr Dr. Martinus Luther.

Ein volksgeistliches Lied

Paul Gerhardt:
Geh aus, mein Herz, und suche Freud, 1653

*„Und nun singen wir das Lied ‚Geh aus, mein Herz, und suche Freud'
aus dem Evangelischen Gesangbuch – alle Strophen." Dieser Satz kann
dem nicht ganz so sangesfreudigen Gottesdienstbesucher schon einmal
die Schweißperlen auf die Stirn treiben. Handelt es sich hierbei doch
um ein Lied mit fünfzehn Strophen. Es ist eines der bekanntesten Werke des Liederdichters Paul Gerhardt. Daraus könnte man doch glatt
zwei Lieder machen: ein Volkslied und ein geistliches Lied. Oder etwa
nicht?*

1. Geh aus, mein Herz, und suche Freud
   in dieser lieben Sommerzeit
   an deines Gottes Gaben;
   schau an der schönen Gärten Zier
   und siehe, wie sie mir und dir
   sich ausgeschmücket haben,
   sich ausgeschmücket haben.

2. Die Bäume stehen voller Laub,
   das Erdreich decket seinen Staub
   mit einem grünen Kleide;
   Narzissus und die Tulipan,
   die ziehen sich viel schöner an
   als Salomonis Seide,
   als Salomonis Seide.

3. Die Lerche schwingt sich in die Luft,
   das Täublein fliegt aus seiner Kluft
   und macht sich in die Wälder;
   die hochbegabte Nachtigall
   ergötzt und füllt mit ihrem Schall
   Berg, Hügel, Tal und Felder,
   Berg, Hügel, Tal und Felder.

8. Ich selber kann und mag nicht ruhn,
des großen Gottes großes Tun
erweckt mir alle Sinnen;
ich singe mit, wenn alles singt,
und lasse, was dem Höchsten klingt,
aus meinem Herzen rinnen,
aus meinem Herzen rinnen.

13. Hilf mir und segne meinen Geist
mit Segen, der vom Himmel fleußt,
dass ich dir stetig blühe;
gib, dass der Sommer deiner Gnad
in meiner Seele früh und spat
viel Glaubensfrüchte ziehe,
viel Glaubensfrüchte ziehe.

Ist das jetzt ein Volkslied mit einem geistlichen Text? Oder ein geistliches Lied mit volkstümlicher Melodie? Diese Fragen stellen sich bei vielen alten Liedern, die eine volkstümliche Melodie haben und irgendwann einen frommen Text bekommen haben. Ich finde diese Frage überflüssig. Warum? Das erkläre ich gleich nach einer kurzen Liedanalyse. Das sind wir dem Bekanntheitsgrad und Umfang des Textes schuldig. Außerdem benötige ich sie für meine Erklärung:

Die ersten sieben Strophen muten wie ein Plädoyer für die Natur an. Der Dichter richtet sich an ein wie auch immer geartetes Gegenüber. Vielleicht ist sogar das eigene Herz gemeint. Es wird ermutigt, sich die Natur, genauer gesagt, die sommerliche Natur, anzuschauen und zu bewundern. Ab Strophe 8 spricht das lyrische Ich sich selbst an und geht vom Besingen der Schöpfung zum Lobpreis des Schöpfers über. Die letzten Strophen sind direkt an Gott adressiert.

Wenn in einer Veranstaltung, in der keinem der Besucher das Lied und der Dichter näher bekannt sind, einzig die Strophen 1 bis 7 gesungen würden, würde niemand so schnell auf die Idee kommen, dass es sich um ein hochgeistliches Lied handelt. Im Umkehrschluss weisen die Strophen 8 bis 15 isoliert betrachtet auch nicht unbedingt darauf hin, dass *Geh aus, mein Herz, und suche Freud* als klassisches Volkslied gilt. Ja, was denn nun? Volkslied oder Lobpreis? Merken Sie schon, warum ich diese Frage überflüssig, ja fast unsinnig finde? Weil man so nicht trennen darf. Paul Gerhardt hat es begriffen. Man kann das Volk nicht ohne den Schöpfer sehen. Sie gehören zusammen. So hat sich Gott das ursprünglich gedacht. Die Schöpfung kann nicht besungen werden, ohne dass der Schöpfer auch etwas von dem Lobpreis abbekommt. Und im Umkehrschluss können wir nicht den Gott des Himmels und der Erde anbeten, ohne die Dinge im Blick zu haben, die uns das Leben auf der Erde angenehmer gestalten.

Es ist also ein Volkslied *und* ein Lied für Gott. Es ist ein volksgeistliches Lied. Von Strophe 1 bis 15. Und auch in dieser Ausführlichkeit macht das Lied Sinn. Es ist für mich eine angenehme und erfrischende Abwechslung gegenüber so manchen Worshipsongs, welche eher mit Wiederholungen und kurzen Sätzen daherkommen. In Gerhardts Detailverliebtheit liegt eine ungeheure Wertschätzung. Er schaut genau hin und gibt sich nicht mit einem flüchtigen Blick zufrieden. Noch authentischer wird diese Beschreibung für mich, weil ich, ausgehend von Paul Gerhardts Biografie, weiß, dass der Dichter nicht unbedingt in der Gefahr stand, seine Umwelt und Gegenwart in den rosarotesten Farben zu malen. Das Leben hat ihm und seiner Familie öfters einmal übel mitgespielt. Dieser Text kommt von Herzen und ist damit noch wertvoller.

Die Sichtweisen ändern sich im Laufe der Zeit, aber es bleibt ein schönes Lied. Und der Grundgedanke lässt sich auf das ganze Liedgut der Menschheit übertragen. Wie oft habe ich mich früher dabei ertappt, wie ich die Lieder in Schubladen einordnete: Ist das christliche Musik oder nicht christliche Musik? Ich glaube, dass es keine christliche und nicht christliche Musik gibt. Es gibt lustige, traurige, laute, leise oder klassische Musik. Es gibt Popmusik oder Hip-Hop … Alles andere ist Geschmackssache. Mancher Text spricht mich an, mancher nicht. Manche Melodie finde ich gut, manche nicht. Doch Noten und Akkorde an sich sind konfessionslos.

Und das gilt nicht nur für Musik. Sind wir Christen oder sind wir Nichtchristen? Nein, wir sind in erster Linie Menschen! Wenn das öfter einmal in den Vordergrund rücken würde, wäre einiges leichter. Klar gibt es Unterschiede in Religion, Hautfarbe und Gesinnung. Aber wir sind alle von demselben Schöpfer gemacht worden. Das sollte der Ausgangspunkt für eine Begegnung auf Augenhöhe sein. Nicht immer über die Trennungen nachdenken, sondern erst einmal das Verbindende suchen. Paul Gerhardt kommt durch die Schöpfung auf den Schöpfer und dann auf seine persönliche Beziehung zu Gott. Und in dem Moment spricht er nur noch mit sich. Da bezieht er niemanden mehr mit ein, denn die Beziehung zu Gott ist in erster Hinsicht eine sehr intime und individuelle Sache. Die kann man auch niemandem aufs Auge drücken. Hier geht es um persönliche Gefühle, die öffentlich ausgedrückt, aber nicht verallgemeinert werden sollten. Doch Gerhardt beginnt mit dem Verbindenden. Mit der Schöpfung. Auch auf die Gefahr hin, dass jemand schon bei Strophe sieben aussteigt und sagt: „Bis hierhin war es ja ganz nett, aber wenn du mir jetzt noch mit Gott kommst, dann muss ich leider passen." Das hätte Paul Gerhardt wahrscheinlich schade gefunden, aber er hätte es akzeptiert. Und davon lerne ich. Früher waren meine Gespräche oder Begegnungen mit anderen Menschen oft davon bestimmt, dass ich ihnen in irgendeiner Form „etwas von Gott mitgeben" wollte. Ich bin meinen Mitmenschen mit einer bestimmten Zielsetzung und einer vorgefertigten Meinung gegenübergetreten. Ich war nicht bereit, mich zu hinterfragen oder von meiner Perspektive abzurücken. Das hat einen unheimlichen Druck erzeugt. Außerdem war es des Öfteren frustrierend. Für mich und für meine Gesprächspartner.

Das hat sich geändert. Ich lebe und rede weiterhin das, was ich glaube. Aber ich bin offen für Menschen, die sagen: „Da steige ich aus, Daniel. Das ist gut und schön, aber ich sehe das anders." Mehr noch, ich frage nach: „Was trägt dich denn? Was ist deine Sichtweise? Ich möchte von dir lernen." Ich habe keine Angst mehr, dass ich durch andere Lebensgeschichten oder Lebensphilosophien den festen Boden unter den Füßen verliere oder, schlimmer noch, vom Glauben abfalle. Ich schmeiße meine Überzeugungen auch nicht über Bord, aber ich lasse mich auf andere ein. Ich habe gemerkt, dass mir diese Verhaltensweise viel mehr bringt als eine fest betonierte Standfestigkeit.

So wie das volksgeistliche Lied *Geh aus, mein Herz, und suche Freud* alle Menschen zusammen im Blick hat, so möchte auch ich mein Leben und meine Mitmenschen sehen: als Menschen, die alle hier auf der Erde unterwegs und von Gott geliebt sind. Und egal wie mein Nächster damit umgeht, ich möchte ihm mit Respekt und Wertschätzung begegnen. In allen Strophen meines Lebens.

Die Kraft der Wiederholungen

August Dietrich Rische: Gott ist die Liebe, 1852

„Stumpf ist Trumpf" – diese auf den ersten Blick etwas irritierende und abwertend klingende Botschaft bringt die nicht zu unterschätzende Wirkung von Wiederholungen auf den Punkt – denn wer immer wieder das Gleiche erzählt, es also stumpf den Leute „einhämmert", erzielt den nötigen Erfolg. Wichtige Dinge können gar nicht oft genug gesagt werden. Genau dieser Devise folgt auch der Refrain in August Dietrich Risches „Gott ist die Liebe":

1. Gott ist die Liebe, lässt mich erlösen,
   Gott ist die Liebe, er liebt auch mich.

   Refrain:
   Drum sag ich noch einmal: Gott ist die Liebe,
   Gott ist die Liebe, er liebt auch mich.

2. Ich lag in Banden der schnöden Sünde;
   ich lag in Banden und konnt' nicht los.

4. Er sandte Jesum, den treuen Heiland;
   er sandte Jesum und macht' mich los.

6. Du heilst, o Liebe, all meinen Jammer;
   du stillst, o Liebe, mein tiefstes Weh.

8. Du lässt mich erben die ewge Freude;
   du lässt mich erben die ewge Ruh.

9. Dich will ich preisen, du ewge Liebe;
   dich will ich loben, solang ich bin!

Wiederholungen nerven, aber sie funktionieren. Im Radio zum Beispiel. Werbebotschaften sind simpel und wirken durch ihre häufige Wiederholung. Sie dringen so in unser Unterbewusstsein ein und setzen sich fest. Musik funktioniert zum großen Teil auch so. Erfolgreiche Popsongs bestechen durch eine leichte, schöne Melodie und durch einen Text, der uns schon nach einigen Durchläufen leicht über die Lippen kommt.

August Dietrich Rische war ein guter Texter. Denn ich kenne dieses Lied seit meiner Kindheit. Ich erinnere mich an die Töne des Harmoniums. Ich erinnere mich auch an die Dame, die das Harmonium spielte, und an den nie enden wollenden Gottesdienst, in dem dieses Lied immer wieder gesungen wurde. Ich saß auf dem Schoß meiner Mutter und fühlte mich geborgen. Geliebt. Und so sang ich selbstverständlich mit: „*Drum sag ich noch einmal: Gott ist die Liebe, Gott ist die Liebe, er liebt auch mich.*" Ich glaubte daran.

Der Lauf der Dinge hat mich gelehrt, dass nicht alles im Leben so einfach ist. Wiederholungen können auch negative Folgen haben. Ich habe viele Menschen kennengelernt, die mit einem Rucksack voller Wiederholungen herumlaufen, die sie fertigmachen. Sätze wie: „Du hast es einfach nicht drauf", oder: „Das ist ja mal wieder typisch", können einen Menschen um den Verstand bringen. Das Selbstwertgefühl sinkt und sie fühlen sich alles andere als geliebt. Das Fiese dabei ist: Negative Sätze braucht man gar nicht so oft zu hören, damit sie sich tief in unser Herz einbrennen. Und sie kommen zu den unpassendsten Augenblicken wieder hoch. Das habe ich selbst erlebt.

Positive Sätze dagegen müssen immer und immer wiederholt werden. Gemein, oder?! Wie sollen wir damit umgehen? Ich habe glücklicherweise viele Menschen kennengelernt, die den Kampf gegen die Negativsätze des Lebens aufnehmen. Ich nenne sie „Ermutiger in Wort und Tat". Sie geben nicht auf und werden nicht müde, ihren Mitmenschen durch eine Geste oder ein liebes Wort klarzumachen: Du bist ein geliebter Mensch! August Dietrich Rische gehört dazu und ist mir ein Vorbild. Er spricht zwar von den schweren Zeiten des Lebens, verweist aber immer wieder auf die Liebe Gottes, die die Konstante im Leben darstellt. Trotz Trauer, Schmerz und Angst.

Ich glaube immer noch daran. Anders als früher. Facettenreicher und auch desillusionierter. Aber irgendetwas in mir hält diese Liebe fest, naiv wie ein Kind.

Es klingt für mich manchmal wie ein mitfühlendes „Ich aber sage dir …", wie ein sehr sympathisches, lautes „Ich aber sage dir, dass ich dich liebe. Ich halte dich." Und ich glaube es. Denn wie sonst soll ich es mir erklären, dass meine Mutter mir vor einiger Zeit nach einer schweren Krebsbehandlung kurz vor dem entscheidenden Ergebnis sagte: „Daniel, auf einmal war ich ganz ruhig und hatte keine Angst. Der Arzt hatte noch nicht einmal angefangen zu reden. Aber ich wusste: Egal, was kommt, ich habe Frieden." Meine Mutter hat immer noch Krebs, hat eine jahrzehntelange Leidensgeschichte hinter sich und fühlt trotzdem einen tiefen Frieden. Nicht immer, aber in entscheidenden Momenten.

Diese immer wiederkehrenden Worte von August Dietrich Rische wirken wie ein helles Licht, das, inmitten von menschlichen Abgründen, stets aufs Neue aufflackert: *„Drum sag ich noch einmal: Gott ist die Liebe, Gott ist die Liebe, er liebt auch mich."*

Es klingt wie ein aufmunterndes „Ich aber sage dir …", ein sehr vehementes und sich gegen alle anderen Stimmen durchsetzendes „Ich aber sage dir, dass du wertvoll bist. Egal, was die anderen sagen. Es ist egal, hörst du!". Und ich glaube es. Denn wie sonst soll ich mir die Tatsache erklären, dass der 14-jährige David, der in einem Berliner Brennpunktstadtteil wohnt und von seinen Eltern und Schulkollegen bei jeder Gelegenheit klein gemacht wird, auf der Bühne des Berliner sozial-kulturellen Projektes blu:boks steht. Und dort performt er einen Hip-Hop-Song, erntet dafür tosenden Applaus von seinen Zuhörern, strahlt plötzlich über das ganze Gesicht und nimmt eine Körperhaltung an, die Selbstbewusstsein signalisiert.

Diese immer wiederkehrenden Worte von August Dietrich Rische wirken wie ein helles Licht, das in menschlichen Seelen stets aufs Neue aufflackert: *„Drum sag ich noch einmal: Gott ist die Liebe, Gott ist die Liebe, er liebt auch mich."*

Es klingt für mich wie ein aufmunterndes „Ich aber sage dir …", ein fast herausforderndes und lautes „Ich aber sage dir, dass du dich selbst lieben darfst. Hör auf, dich immer selbst zu verachten und schlecht von dir zu denken". Und ich glaube es. Denn wie sonst soll ich mir die Tatsache erklären, dass in der Bibel von einer Liebe die Rede ist, die mich dazu auffordert, Gott von ganzem Herzen, meinen Mitmenschen von ganzem Herzen und mich selbst von ganzem Herzen zu lieben. Gottesliebe ist grenzenlos. Und beginnt bei mir. Denn ich verbringe ja ziemlich viel Zeit mit mir selbst. Ganz praktisch wurde das für mich übrigens durch einen Dialog mit meiner Tochter. Sie war fünf Jahre alt, als sie eines Abends zu mir sagte: „Papa? Weißt du eigentlich, wen ich noch viel mehr lieber habe als Mama und dich?" Ich horchte auf und der elterliche Neid machte sich bemerkbar. „Nein", sagte ich. „Wen denn?" – „Mich selbst", kam es wie aus der Pistole geschossen. Ich war sprachlos. Meine Tochter strahlte mich an und verschwand in ihrem Zimmer. Darüber musste ich erst einmal nachdenken. Meine Tochter mag sich selbst am liebsten – was für eine Aussage!

Diese immer wiederkehrenden Worte in August Dietrich Risches Lied wirken wie eine Erinnerungshilfe für die eigene Seele: *„Drum sag ich noch einmal: Gott ist die Liebe, Gott ist die Liebe, er liebt auch mich."*

Ich glaube daran. Und werde glücklicherweise immer wieder daran erinnert. Manchmal durch meine Tochter, manchmal durch meine Mutter, manchmal durch einen fremden Menschen in Berlin oder durch einen alten, ostwestfälischen Liederdichter, der mitten in mein Herz spricht und nicht oft genug sagen kann: *„Drum sag ich noch einmal: Gott ist die Liebe, Gott ist die Liebe, er liebt auch mich."*

Mit Gott in der Bali-Therme

Gerhard Tersteegen: Gott ist gegenwärtig, 1729

Er hat seinen Job aufgegeben, um Gott nahe zu sein. Gerhard Tersteegen hat einen asketischen Lebensstil gepflegt, um Gott im Hier und Jetzt zu erleben. Das hat scheinbar funktioniert, denn seine Werke sind voll von Bildern, die diese Gotteserfahrungen beschreiben und andere auffordern, sie auch zu suchen. Ich habe es versucht, mit dem Lied „Gott ist gegenwärtig" im Gepäck:

1. Gott ist gegenwärtig.
   Lasset uns anbeten
   und in Ehrfurcht vor ihn treten.
   Gott ist in der Mitte.
   Alles in uns schweige
   und sich innigst vor ihm beuge.
   Wer ihn kennt,
   wer ihn nennt,
   schlag die Augen nieder;
   kommt, ergebt euch wieder.

2. Gott ist gegenwärtig,
   dem die Cherubinen
   Tag und Nacht gebücket dienen.
   Heilig, heilig, heilig!
   singen ihm zur Ehre
   aller Engel hohe Chöre.
   Herr, vernimm
   unsre Stimm,
   da auch wir Geringen
   unsre Opfer bringen.

3. Wir entsagen willig
   allen Eitelkeiten,
   aller Erdenlust und Freuden;
   da liegt unser Wille,

Seele, Leib und Leben
dir zum Eigentum ergeben.
Du allein
sollst es sein,
unser Gott und Herre,
dir gebührt die Ehre.

4. Majestätisch Wesen,
   möcht ich recht dich preisen
   und im Geist dir Dienst erweisen.
   Möcht ich wie die Engel
   immer vor dir stehen
   und dich gegenwärtig sehen.
   Lass mich dir
   für und für
   trachten zu gefallen,
   liebster Gott, in allem.

6. Du durchdringest alles;
   lass dein schönstes Lichte,
   Herr, berühren mein Gesichte.
   Wie die zarten Blumen
   willig sich entfalten
   und der Sonne stille halten,
   lass mich so still und froh
   deine Strahlen fassen
   und dich wirken lassen.

8. Herr, komm in mir wohnen,
   lass mein' Geist auf Erden
   dir ein Heiligtum noch werden;
   komm, du nahes Wesen,
   dich in mir verkläre,
   dass ich dich stets lieb und ehre.
   Wo ich geh,
   sitz und steh,
   lass mich dich erblicken
   und vor dir mich bücken.

Montagmorgen – 6.30 Uhr. Der Wecker klingelt. Ich stehe auf und nach dem allmorgendlichen Durcheinander zwischen Kindern, die ihre linken Socken nicht finden, und meiner Frau, die als Morgenmuffel ihre gute Laune vor 8 Uhr schon gar nicht mehr sucht, forsche ich im Wohnzimmer nach meinem Handy. Es muss doch hier irgendwo sein. „Ach Mist", fällt es mir siedend heiß ein. „Ich starte ja heute mein dreitägiges Experiment: von Montag bis Mittwoch ohne Handy, ohne Computer und ohne Fernsehen."

Es ist keine Woche im Kloster, kein Monat auf dem Jakobsweg, es sind einfach drei Tage mit ein paar Stunden, die ich anders nutze als sonst. Vormittags und abends. Alles andere würde bei mir sowieso nicht klappen. Ich kenne mich und meine Familie. Aber diese Zeit habe ich mir mühsam freigeschaufelt. Ein paar Stunden des Tages zumindest werde ich versuchen, auf den Spuren der Mystiker zu wandeln. Ohne genau zu wissen, was man als Mystiker eigentlich so macht. Ich weiß nur, dass religiöse Mystiker auf der Suche nach göttlichen Erfahrungen und Eindrücken sind und diese, so habe ich es gelesen, auch tatsächlich erleben. Ich möchte das auch und habe mich für die christliche Mystik entschieden, weil ich Christ bin. Für meine Meditation habe ich mir zwei Texte herausgesucht:

den Liedtext *Gott ist gegenwärtig* von dem bekannten christlichen Mystiker Gerhard Tersteegen.

Das Jesusgebet aus der orthodoxen Kirche. Eine Variante lautet:
Herr Jesus Christus. Jesus Christus Jesus. Christus Jesus.

Sobald die Kinder aus dem Haus sind und meine Frau mit dem Jüngsten in Richtung Stadt verschwunden ist, setze ich mich ins Wohnzimmer. Ich habe keine großen Erwartungen an die Stille, fürchte mich aber ein bisschen vor meinen eigenen Gedanken. Also los …

Stunden später sitze ich mit meiner Familie am Mittagstisch. Völlig frustriert. Ich habe in meiner „mystischen Zeit" drei Tassen Kaffee getrunken, Löcher in die Luft gestarrt, gefühlte 100 Mal Liedtext und Gebet laut vor mich hin gesprochen und ebenso oft gegen den Drang gekämpft, nicht doch das Handy hervorzuholen und eventuelle Anrufe und Nachrichten zu checken. Und göttliche Erfahrungen habe ich nicht gemacht.

„Ich will dir ja nicht reinreden", sagt meine Frau beim Nachtisch zu mir. „Aber so, wie du das angehst, hat das alles zu viel von Zwang, Druck und ‚Ich muss jetzt auf Knopfdruck mal religiöse Erfahrungen machen'. Ich habe zwar keine Ahnung von christlicher Mystik, aber ich vermute, dass Gerhard Tersteegen oder die Mönche früher freiwillig auf Dinge verzichtet haben. Sie haben sich in ihrer Askese wohlgefühlt und konnten sich so auf Gott einlassen. Du siehst das Ganze eher als ein ‚Ich schiebe jetzt mal ein paar Stündchen Gotteserfahrungen dazwischen, und dann geht's weiter'. Für die Männer und Frauen damals war das ein Lebensstil. Also entspann dich und versuch die Gotteserfahrungen bewusst in deinen Alltag zu integrieren."

Wow! Das sitzt! So morgenmuffelig meine Frau auch in der Frühe daherkommt, umso scharfsinniger präsentiert sie sich am Mittag. Denn sie hat recht. Ich bin nicht Tersteegen und auch kein orthodoxer Christ im Mittelalter. Ich bin Daniel Schneider, und deshalb lade ich mir als Allererstes eine schöne Version des Liedes *Gott ist gegenwärtig* auf mein Handy. Für heute Abend. Dann drucke ich mir das Jesusgebet aus. Auch für heute Abend. Anschließend setze ich mich an meinen Computer und schaue, wie lange unser hiesiges Wellnessbad offen hat. Bis 23 Uhr! Großartig!

Nachdem unsere Kinder im Bett liegen und meine Frau auf der Couch versinkt, Telefonhörer am Ohr und Fernbedienung in der Hand, verlasse ich das Haus und begebe mich ins Schwimmbad. „Interessantes Setting", denke ich schmunzelnd, während ich nach dem ersten Saunagang auf dem Liegestuhl Platz nehme, Kopfhörer aufsetze und den Text des Jesusgebetes herauskrame. Das Thermalbad nennt sich „Bali-Therme", und um mich herum befinden sich viele Götterfiguren und tempelähnliche Deko. Aber ich fühle mich wohl, entspanne mich und fange an zu lesen und zu hören. Gleichzeitig!

„Gott ist gegenwärtig. Lasset uns anbeten und in Ehrfurcht vor ihn treten.
Herr Jesus Christus. Jesus Christus Jesus. Christus Jesus.
Gott ist in der Mitte. Alles in uns schweige und sich innigst vor ihm beuge.
Herr Jesus Christus. Jesus Christus Jesus. Christus Jesus.
Wer ihn kennt, wer ihn nennt, schlag die Augen nieder; kommt, ergebt euch wieder."

Um kurz nach 23 Uhr schließe ich leise unsere Haustür auf, hänge die nassen Sachen im Keller auf und begebe mich ins Bett. Was für ein schöner Abend! Anfangs haben meine Gedanken noch einen kleinen Formationstanz aufgeführt, aber mit der Zeit wurde ich immer ruhiger und irgendwann konnte ich mich voll und ganz auf Text und Lied einlassen. Gott ist gegenwärtig! Und Jesus Christus! Irgendwann habe ich nur noch an diese Worte gedacht. Das hat einen tiefen Frieden ausgelöst. Keine ekstatische Erfahrung, kein Tagtraum, keine Traumreise. Einfach nur Frieden. Eine schöne Gotteserfahrung. Ich habe den Allmächtigen nicht gesehen. Aber gespürt. Vielleicht war er ja gerade in der Sauna.

Morgen probiere ich das gleich noch einmal.

Loben, loben, loben

Ignaz Franz: Großer Gott, wir loben dich, 1768

So geht Ökumene: Das ursprünglich katholische Lied „Großer Gott, wir loben dich" von Ignaz Franz wird auch in evangelischen Kreisen gesungen. Und das nicht zu knapp. Warum? Weil es einen wichtigen gemeinsamen Nenner des christlichen Glaubens zum Inhalt hat: Lobpreis als Lebensstil. Doch Vorsicht! Es kann zu Missverständnissen kommen.

1. Großer Gott, wir loben dich;
   Herr, wir preisen deine Stärke.
   Vor dir neigt die Erde sich
   und bewundert deine Werke.
   Wie du warst vor aller Zeit,
   so bleibst du in Ewigkeit.

2. Alles, was dich preisen kann,
   Cherubim und Serafinen,
   stimmen dir ein Loblied an,
   alle Engel, die dir dienen,
   rufen dir stets ohne Ruh:
   „Heilig, heilig, heilig!" zu.

3. Himmel, Erde, Luft und Meer
   sie verkünden deine Ehre;
   der Apostel glänzend Heer,
   der Propheten sel'ge Chöre
   und der Märtrer lichte Schar
   lobt und preist dich immerdar.

4. Der Apostel heilger Chor,
   der Propheten hehre Menge
   schickt zu deinem Thron empor
   neue Lob- und Dankgesänge;
   der Blutzeugen lichte Schar
   lobt und preist dich immerdar.

10. Alle Tage wollen wir
   dich und deinen Namen preisen
   und zu allen Zeiten dir
   Ehre, Lob und Dank erweisen.
   Rett aus Sünden, rett aus Tod,
   sei uns gnädig, Herre Gott!

11. Herr, erbarm, erbarme dich.
   Lass uns deine Güte schauen;
   deine Treue zeige sich,
   wie wir fest auf dich vertrauen.
   Auf dich hoffen wir allein:
   Lass uns nicht verloren sein.

„Zum Lobpreis stehen wir jetzt alle mal auf." Früher habe ich diesen in einigen Kirchengemeinden üblichen Aufruf des Musikteamleiters als Aufforderung verstanden, dass ich mich doch bitte von meinem Platz erheben soll, um meine wertschätzenden Gefühle für Gott ganzkörperlich zum Ausdruck zu bringen. Zumindest für ein paar Minuten. Dazu hatte ich irgendwann keine Lust mehr. Denn wenn ich aufstehe, sehen die Menschen hinter mir aufgrund meiner Körpergröße meistens nichts mehr. Außerdem ist mir manchmal einfach nicht danach.

Seit einigen Jahren ist dieser Aufruf für mich das ganz persönliche Signal dazu, sitzen zu bleiben. Aber ich nehme die Aufforderung trotzdem ganz ernst. Ich schließe die Augen, stehe in Gedanken auf, verlasse den Gottesdienstraum und gehe in die vergangene Woche zurück. Mit einer ganz besonderen Zielsetzung: Ich schaue nach, wie viel „Lobpreis" denn nun wirklich in meiner letzten Woche stattgefunden hat. Denn ein schön geschmettertes *Großer Gott, wir loben dich* am Sonntagmorgen bedeutet bei mir nicht zwingend, dass ich das auch so lebe.

Und so erinnere ich mich an Begegnungen, Gespräche, Gedanken und Erlebnisse, die mich in den vergangenen sieben Tagen begleitet haben. Denn wenn ich den Textteil *„Herr, wir preisen deine Stärke"* wirklich wörtlich nehmen möchte, dann muss ich genau hinschauen, was das denn im Einzelnen bedeuten kann. Ich glaube, dass ein fröhlich geschmettertes Loblied dazugehört. Vielleicht auch zwei oder drei. Aber es gibt definitiv noch einige andere Möglichkeiten zum Lobpreis.

Ich an Gottes Stelle wäre es ziemlich leid, wenn mir immer nur vorgesungen werden würde, wie toll ich bin, wie stark ich bin und wie schön ich alles geschaffen habe. Irgendwann würde ich frustriert abwinken und denken: „Ihr lieben Kinder, ich freue mich über eure Stimmen. Wirklich! Aber ich habe das Ganze nicht nur erfunden, damit ihr mir ewig nur das vorsingt, was ich ohnehin schon weiß. Ich möchte, dass ihr im Gottesdienst Kraft tankt und dazulernt. Danach sollt ihr aber auch bitte schön wieder rausgehen und die ganze Schönheit, Stärke und Kraft in Anspruch nehmen. Genießt die Schöpfung! Nutzt die Gaben, die ich in euch hineingelegt habe, und passt gegenseitig auf, dass ihr die Welt nicht vor die Wand fahrt."

Und so betrachte ich meine Woche wie in einem Film. Ganz wichtig ist mir dabei, dass ich keine Checkliste führe, nach dem Motto: Hier hast du richtig gehandelt und hier falsch. In dem Gespräch warst du ungerecht, und an der Stelle hättest du das Auto doch bitte stehen lassen sollen und wärst besser mit dem Fahrrad gefahren. Denn das bringt nichts. Zumindest nicht im Gottesdienst, und so verstehe ich Lobpreis nicht. Es geht um die Momente, in denen ich von Gott gelobt worden bin und in denen ich selbst Gott gelobt habe.

Und weil ich mich ziemlich gut kenne und weiß, dass meine Gedanken relativ schnell wer weiß wohin abschweifen, habe ich mir für diese wenigen Minuten ein Raster zurechtgelegt. Ich versuche mich an drei Erlebnisse zu erinnern: ein Erlebnis, in dem ich bewusst mit meinem *Glauben* konfrontiert wurde, einen weiteren Moment, in dem ich *Liebe* gespürt habe, und einen dritten Impuls, der mir in der vergangenen Woche *Hoffnung* gemacht hat.

Zum Glauben fällt mir am seltensten etwas ein, deshalb fange ich meistens mit der Hoffnung an. Da kommt mir tatsächlich etwas in den Sinn. Etwas sehr Banales, aber das ist ja egal. Ich bin ja nicht auf der Suche nach der Hoffnung an sich, sondern nach Hoffnungsblitzen in meinem Alltag. Im Einkaufszentrum sehe ich, wie ein alter Mann seine Geldbörse verliert. Man sieht, dass es ihm Mühe macht, sie selbst wieder aufzuheben, aber das braucht er auch nicht. Drei Mädels schlendern vorbei. Eines der drei hebt das Portemonnaie auf, gibt es dem alten Mann und lächelt ihn an. Der lächelt dankbar zurück. Das war's! Klar kann man jetzt sagen, dass das doch eine Selbstverständlichkeit ist und auch keine große Sache. Mir hat es trotzdem Hoffnung gemacht. Denn so funktioniert Zusammenleben. Und wenn es eine Selbstverständlichkeit ist, umso besser.

Zur Liebe fällt mir auch etwas ein: Meine Töchter haben gerade das Handy meiner Frau entdeckt. Wann immer es irgendwo unbeobachtet herumliegt, schnappen die beiden sich das Gerät und verschicken Nachrichten. Das ist für meine Frau mitunter sehr peinlich. Denn wenn sie ihr Handy wiedererobert hat, muss sie erst einmal ihren diversen Freundinnen erklären, dass Botschaften wie „ofdjvguodrhgoirjtjbigdrpojgoiredrthkerhkj44t" keine tiefere Bedeutung haben. Auch ich erhalte manchmal solche Nachrichten. Als ich am Donnerstag gerade in den Kölner Hauptbahnhof haste, um meinen Zug noch zu erwischen, piepst mein Handy. Im Zug angekommen, lese ich die Botschaft, und in dem Moment wird mir so warm um mein Vaterherz, dass ich erst einmal tief durchatmen muss. Ich lese auf meinem Display: „Liber Papa! Ich hap dich lib!"

Heute ist mein Glückstag, denn auch zum Thema Glauben werde ich in meinen Erinnerungen fündig: Ich habe mir den Kinofilm „Noah" angesehen. Der Schauspieler Russell Crowe spielt den biblischen Helden und verkörpert ihn in meinen Augen exzellent. Eben weil er die Zerrissenheit, in der sich jemand befindet, der als Einziger für den Erhalt der verbliebenen Lebewesen verantwortlich ist, so menschlich spielt. Da habe ich gedacht: So wird die unfassbare biblische Story für mich fassbarer.

„Großer Gott, wir loben dich; Herr, wir preisen deine Stärke. Vor dir neigt die Erde sich und bewundert deine Werke. Wie du warst vor aller Zeit, so bleibst du in Ewigkeit." Die Band spielt mittlerweile das alte Kirchenlied von Ignaz Franz. Ich höre die Worte, die Melodie und denke: „Manchmal sehen wir den Wald vor lauter Bäumen nicht, oder, Gott? Danke, dass Geldbörsen herunterfallen, damit Menschen aufeinander achten. Danke, dass Kinder ihren Eltern Handys klauen, um solche liebevollen Nachrichten zu schreiben. Und danke, dass Filmabende manchmal wie Gottesdienste sind. Amen." Dann stehe ich auf und singe mit der Gemeinde: „Alle Tage wollen wir dich und deinen Namen preisen und zu allen Zeiten dir Ehre, Lob und Dank erweisen. Rett aus Sünden, rett aus Tod, sei uns gnädig, Herre Gott!"

Teamwork

Nikolaus Ludwig Graf von Zinzendorf:
Herz und Herz vereint zusammen, 1725

Los ging es mit böhmischen Flüchtlingen, die wegen ihres Glaubens vertrieben wurden. Später kamen dann immer mehr Menschen dazu, die in kein religiöses Raster der damaligen Zeit passten. Die Herrnhuter Brüdergemeine war gerade in der Anfangszeit ab dem Jahre 1727 ein bunt zusammengewürfelter Haufen. Zu Beginn hat Nikolaus Ludwig Graf von Zinzendorf die Gemeinschaft zusammengehalten. Er dichtete auch die Hymne, die den Sinn und Inhalt der Herrnhuter Brüdergemeine am besten beschreibt:

1. Herz und Herz vereint zusammen
   sucht in Gottes Herzen Ruh.
   Lasset eure Liebesflammen
   lodern auf den Heiland zu.
   Er das Haupt, wir seine Glieder,
   er das Licht und wir der Schein,
   er der Meister, wir Geschwister,
   er ist unser, wir sind sein.

2. Kommt, ach kommt, ihr Gnadenkinder,
   und erneuert euren Bund,
   schwöret unserm Überwinder
   Lieb und Treu aus Herzensgrund;
   und wenn eurer Liebeskette
   Festigkeit und Stärke fehlt,
   o so flehet um die Wette,
   bis sie Jesus wieder stählt.

3. Legt es unter euch, ihr Glieder,
   auf so treues Lieben an,
   dass ein jeder für die Brüder
   auch das Leben lassen kann.
   So hat uns der Freund geliebet,

so vergoss er dort sein Blut;
denkt doch, wie es ihn betrübet,
wenn ihr euch selbst Eintrag tut.

4. Halleluja, welche Höhen,
   welche Tiefen reicher Gnad,
   dass wir dem ins Herze sehen,
   der uns so geliebet hat;
   dass der Vater aller Geister,
   der der Wunder Abgrund ist,
   dass du, unsichtbarer Meister,
   uns so fühlbar nahe bist.

6. Liebe, hast du es geboten,
   dass man Liebe üben soll,
   o so mache doch die toten,
   trägen Geister lebensvoll.
   Zünde an die Liebesflamme,
   dass ein jeder sehen kann:
   Wir, als die von einem Stamme,
   stehen auch für einen Mann.

Von der einen Seite wurden sie als Sektierer und Abtrünnige, von der anderen Seite als Spinner angesehen. Ich kann mir vorstellen, dass Graf Zinzendorf ganz schön was einstecken musste, damals, in der Anfangszeit der Herrnhuter Brüdergemeine, als er noch nicht ahnen konnte, dass die Idee seiner Losungen einmal die Welt erobern würde und dass die Brüdergemeine heute als überkonfessionell-christliche Glaubensbewegung weltweit etwas mehr als eine Million Mitglieder hat.

Nein, damals in der Siedlung Herrnhut musste er alles dafür tun, um das gemeinsame Ziel nicht aus den Augen zu verlieren. Denn die Anfeindungen von außen und die unterschiedlichen Typen innerhalb der Brüdergemeine boten viel Spaltungspotenzial. Zinzendorf setzte damals auf den Teamgedanken: Wir haben ein gemeinsames Ziel, und das ist die Liebe zu Jesus. Dem wurde alles untergeordnet. Das verlief nicht immer reibungslos, und wenn wir in der Geschichte der Herrnhuter Brüdergemeine einmal etwas vorspulen, können wir sehen, dass dort auch gestritten wurde oder es zu Spaltungen kam. Es fanden sich außerdem ganz verschiedene, manchmal merkwürdige Interpretationen des christlichen Glaubens. Auch wenn sicherlich nicht alles perfekt war, der Grund, warum die Glaubensgemeinschaft heute noch existiert, ist das gemeinsame Ziel: *„Herz und Herz vereint zusammen sucht in Gottes Herzen Ruh. Lasset eure Liebesflammen lodern auf den Heiland zu. Er das Haupt, wir seine Glieder, er das Licht und wir der Schein, er der Meister, wir Geschwister, er ist unser, wir sind sein."*

Das klingt für mich etwas zu salbungsvoll, deshalb übersetze ich es für mich mit: „Lasst uns zusammenhalten und auf Gott vertrauen. Fokussiert euch auf das, was Jesus gesagt und getan hat. Wir können ihm trauen und er wird durch uns wirken. Er hat im Endeffekt die Verantwortung, und er wird uns nicht im Stich lassen."

Damit kann ich auch heute noch etwas anfangen. Das ergibt einen Sinn. Das muss man sich zwischendurch auch immer wieder sagen. Denn gerade im Bereich des Glaubens kann es durchaus zu Zweifeln kommen: Man sieht ja oft nichts Konkretes. Und auch hier kommt wieder der Teamgedanke ins Spiel. Gemeinsam unterwegs sein hilft dabei, nicht aufzugeben.

Ich fasse auch den Inhalt von Strophe 2 bis 4, die im Original sehr pathetisch daherkommen, so zusammen, wie ich sie verstehe: „Ihr Lieben, bleibt am Ball! Gerade dann, wenn ihr zweifelt. Ermutigt euch untereinander und seid füreinander da. Jesus hat das genauso gemacht. Es ist ein Privileg, von ihm zu lernen und mit ihm unterwegs zu sein." Das ist wahre Ermutigung, als Empfehlung formuliert. Keine Vorschriften, die die eigene Meinungsbildung maßregeln und wenig Raum für Kreativität lassen.

Ich weiß gar nicht, ob es bei der Herrnhuter Brüdergemeine damals eine festgeschriebene Hausordnung gab. Also zum Beispiel: Um zehn Uhr ist jedes Licht erloschen, und die Mittagsruhe muss eingehalten werden, und nur wer zehnmal am Tag betet, darf auch hierbleiben, oder so …

Ich hoffe nicht, denn das kann ziemlich limitieren. Klar müssen gewisse Dinge abgesprochen werden und aus Rücksicht auf den anderen darf nicht jeder so drauflosleben, wie er möchte. Aber eine gewisse Freiheit, seinen eigenen persönlichen Glauben ausleben zu dürfen, muss gewährleistet sein. Denn jeder Mensch ist individuell, und so manche heutige Gemeinde scheitert daran, dass sie Nebensächlichkeiten einen zu großen Stellenwert einräumt. So werden Menschen ausgegrenzt oder zu Dingen gezwungen, die eigentlich gar nicht ihrem Frömmigkeits- und Glaubensverständnis oder ihrem Bild von Jesus entsprechen. Ich kann mir vorstellen, dass die Herrnhuter da ziemlich fortschrittlich unterwegs waren, denn Zinzendorf ordinierte schon im 18. Jahrhundert Frauen zu Diakoninnen und Presbyterinnen, und das war nun einmal völlig gegen den Zeitgeist. Und natürlich wurde auch das kritisch beäugt. Selbst innerhalb der Gemeinschaft.

Mit der sechsten Strophe der Gemeinschaftshymne *Herz und Herz vereint zusammen* festigt sich meine Annahme, dass wir uns von der damaligen Lebensgemeinschaft eine gehörige Scheibe abschneiden können: *„Liebe, hast du es geboten, dass man Liebe üben soll, o so mache doch die toten, trägen Geister lebensvoll. Zünde an die Liebesflamme, dass ein jeder sehen kann: Wir, als die von einem Stamme, stehen auch für einen Mann.“*

Auch hier brauche ich eine für mich verständliche Übersetzung: „Du hast selbst gesagt, dass Zusammenleben nur mit Liebe funktioniert. Von daher wäre es schön, wenn du uns immer mal wieder daran erinnern würdest. Wir wollen, dass die ganze Welt bemerkt, dass Liebe verändern kann.“

Meine Interpretationen sind sehr frei und vielleicht sparen sie auch einige Aspekte aus. Doch wenn ich mich mit Liedern, Texten und Menschen auseinandersetze, die so gar nicht in meinen kulturellen Kontext passen, und prüfe, ob sie mir auch heute noch etwas zu sagen haben, dann schaue ich als Allererstes auf Gemeinsamkeiten und auf Dinge, die mich in meiner Gottesbeziehung voranbringen. Klar sind solche Lieder voller Teamgeistbeschwörungen mit fast märtyrerhaften Zügen mit Vorsicht zu genießen, aber das bedeutet noch lange nicht, dass sie mir nicht trotzdem etwas zu sagen haben.

Und ich habe erfahren, dass mir solche persönlichen „Sprachtransfers" helfen, den Originaltext besser auf der Zunge zergehen zu lassen.

Helm ab zum Gebet

Gerhard Tersteegen:
Ich bete an die Macht der Liebe, 1757, 8. Strophe 1751

Mehr militärische Ehre geht nicht: Wenn das höchste militärische Ze-
remoniell der Bundeswehr, der „Große Zapfenstreich", erklingt, werden
nicht selten Bundespräsidenten oder Bundeskanzler aus ihrem Amt
verabschiedet. Fester Bestandteil des Zeremoniells ist auch das Lied
„Ich bete an die Macht der Liebe" von Gerhard Tersteegen:

1. Ich bete an die Macht der Liebe,
   die sich in Jesu offenbart;
   ich geb mich hin dem freien Triebe,
   wodurch auch ich geliebet ward;
   ich will, anstatt an mich zu denken,
   ins Meer der Liebe mich versenken.

2. Wie bist du mir so zart gewogen,
   und wie verlangt dein Herz nach mir!
   Durch Liebe sanft und tief gezogen
   neigt sich mein Alles auch zu dir.
   Du traute Liebe, gutes Wesen,
   du hast mich und ich dich erlesen.

3. Für dich sei ganz mein Herz und Leben,
   mein süßer Gott, und all mein Gut,
   für dich hast du mir's nur gegeben,
   in dir es nur und selig ruht.
   Hersteller meines schweren Falles,
   für dich sei ewig Herz und alles!

4. Des Vaterherzens tiefste Triebe
   in diesem Namen öffnen sich;
   ein Brunn der Freude, Fried und Liebe
   quillt nun so nah, so mildiglich.
   Mein Gott, wenn's doch der Sünder wüsste,
   sein Herz alsbald dich lieben müsste.

8. O Jesu, dass dein Name bliebe
im Grunde tief gedrücket ein;
möcht deine süße Jesusliebe
in Herz und Sinn gepräget sein.
Im Wort, im Werk und allem Wesen
sei Jesus und sonst nichts zu lesen.

Beim ehemaligen Bundesverteidigungsminister Thomas de Maizière war es das Lied „Life is Life". Sein Vorgänger Karl-Theodor zu Guttenberg hatte sich „Smoke on the water" gewünscht. Jeder, zu dessen Ehren der Große Zapfenstreich der Bundeswehr veranstaltet wird, darf die Playlist zum Teil selbst mitbestimmen. Nicht verhandelbar ist allerdings das Lied *Ich bete an die Macht der Liebe*. Das ist gesetzt.

Noch einmal: Die Liebe Jesu ist also Bestandteil dieses militärischen Rituals. Man kann es nicht oft genug erwähnen. Es scheint ein solcher Gegensatz zu sein, aber ich finde, eigentlich passt es. Ursprünglich diente der Zapfenstreich nur dazu, die Soldaten ab einer bestimmten Uhrzeit durch ein nicht zu überhörendes Signal davon in Kenntnis zu setzen, dass sie ab sofort nichts mehr trinken durften und in ihre Zelte gehen mussten. Über die Jahrhunderte hinweg ist er jedoch zu einem symbolträchtigen und durchaus umstrittenen Ereignis geworden. Aber genau da gehört sie hin, die Liebe Jesu. Mitten in die Öffentlichkeit, mitten in Handlungen, die eher kämpferisch daherkommen und bei denen wenig Platz für liebevolle Begegnungen ist.

Mir wäre es auch lieber, wenn Panzer, Raketen und Flugzeugträger verrosten würden und die Frühwarnsysteme ausgeschaltet werden könnten. Doch solange das nicht der Fall ist, gehört die Liebe Gottes genau da hin, mitten in die Krisengebiete dieser Welt. Dorthin, wo ein Mädchen gerade seine Eltern verloren hat. Dorthin, wo eine Frau sich von ihrem Mann verabschieden muss, der als Soldat in ein Krisengebiet fährt. Dorthin, wo ein Junge gezwungen wird, eine Waffe in die Hand zu nehmen, obwohl er noch nicht einmal im Stimmbruch ist.

Klar wünsche ich mir auch, dass Gott schon im Voraus eingreift und Frieden stiftet, und mir fehlt auch die Kenntnis, warum er das nicht tut. Aber solange muss die Liebe Gottes genau da wirken, wo es am dringendsten notwendig ist.

Ich bete an die Macht der Liebe ist daneben oft auf Hochzeiten zu hören. Auch hier gehört die Liebe Jesu hin. Das Lied darf über den

Tag der Hochzeit hinaus hinein in den Beziehungsalltag klingen. Dann, wenn bei dem Versenden der Danksagungskarten der erste Streit aufzieht. Und dann, wenn das erste Kinderschreien die dünnen Wände wackeln lässt und bei den übermüdeten Eltern die Nerven blank liegen.

Das Lied gehört in die Hoch-Zeiten des Lebens, wenn alles klappt und man denkt, dass sich die Erde nur um einen selbst dreht. Aber ebenso wird *Ich bete an die Macht der Liebe* oft bei Beerdigungen gespielt. Und auch hier passt es perfekt ins Bild. Die erste Frage des Heidelberger Katechismus lautet: „Was ist dein einziger Trost im Leben und im Sterben?" Die mitgelieferte Antwort: „Dass ich mit Leib und Seele, beides, im Leben und im Sterben, nicht mein, sondern meines getreuen Heilands Jesu Christi Eigen bin."

Militär, Hochzeit und Beerdigung – mit diesen festen Plätzen in der Gesellschaft deckt der Text von Gerhard Tersteegen eine skurrile Kombination von verschiedenen Ereignissen in menschlichen Lebensläufen ab. Aber auch das passt zu Jesus. Einige Blicke in die Bibel genügen. Als Mensch verwandelte er auf einer Hochzeit Wasser in Wein (Johannes 2,1-11) – sein erstes offiziell protokolliertes Wunder. Ganz ohne Hintergedanken oder Gleichnisgeschichte. Einfach so, weil er wollte, dass die Gäste noch ein bisschen länger feiern konnten.

Und dem Tod nahm er des Öfteren seinen Schrecken. Lazarus und des Jairus Töchterlein haben beispielsweise davon profitiert (Johannes 11,38-44 und Markus 5,35-42). Todkranke hat er geheilt, obwohl er selbst vom Tod nicht verschont geblieben ist. Den Militärgedanken muss man erst um ein paar Ecken führen, denn Jesus stand eher für solche Worte wie: *„Gott segnet die, die sich um Frieden bemühen"* (Matthäus 5,9) oder *„Wer euch auf die rechte Wange schlägt, dem haltet auch die andere hin"* (Matthäus 5,39). Allerdings hat Jesus in einer Zeit gelebt, in der den Israeliten das Wort „Militär", wenn es das damals schon gegeben hätte, an jeder Ecke begegnet wäre. Die Besatzungsmacht hieß Rom und die Israeliten haben am eigenen Leib gespürt, was es bedeutet, „besetzt" zu sein. Mitten in dieser Zeit des künstlichen „Friedens" wurde die Botschaft von Jesus fast wie eine Kriegserklärung aufgefasst. Bei den Israeliten und den Römern. Für die Juden kam es einer Gotteslästerung gleich, dass sich jemand als Sohn Gottes bezeichnete. Da waren vor allem die religiösen Führer sehr sensibel. Und die Besatzungsmacht befürchtete einen Aufstand und war bemüht, das Problem so schnell wie möglich aus der Welt zu schaffen. Und so wurde der Mensch, der Frieden und Liebe verkörperte, als Staatsfeind Nummer 1 behandelt. Der, dessen Lebensmotto das Doppelgebot der Liebe war (*„Du sollst den Herrn, deinen Gott, lieben, von ganzem Herzen, mit ganzer Seele und mit all deinen Gedanken"* und *„Liebe deinen Nächsten wie dich selbst"*; Matthäus 22,37-39). Er wurde umgebracht wie ein Massenmörder. Unter anderem weil er nicht ins System passte und weil er dieses revolutionäre Gedankengut der Liebe konsequent gelebt und verkündigt hat.

Und doch oder gerade deshalb ist seine Botschaft immer noch lebendig. Tersteegens Lied steht für mich sinnbildlich dafür. Ich denke, dass niemand so recht Notiz von dem Text nimmt. Ich bisher übrigens auch nicht. Nur der Titel ist ein Begriff, und das allein reicht schon. Das Lied kommt so herrlich unspektakulär daher und webt sich ein in die Geschehnisse der Menschheit. Jetzt könnte man sagen: „Mensch, eigentlich muss doch viel deutlicher werden, dass hier von der Liebe Jesu die Rede ist, und eigentlich muss doch seine Philosophie viel plakativer in Szene gesetzt werden." Aber genau das finde ich nicht. Der Liedermacher, Journalist und Autor Jürgen Werth schreibt dazu einen wunderbaren Text, in dem er Gott folgende Worte in den Mund legt:

„Ich bin immer da. Manchmal musst du hinschauen. Sonst siehst du nichts. Manchmal musst du lauschen. Sonst hörst du nichts. Die grellen Bilder, die schrillen Töne liegen mir nicht. Ich komme leise. Liebe kommt immer leise. Schließ alle Sinne auf! Schließ dein Herz auf! Dann bin ich da! Und bleibe."[1]

Damit ist der Effekt der Liebe Jesu perfekt beschrieben. Man muss schon genau hinhören, wenn die nächste Verteidigungsministerin verabschiedet wird. Aber genau das lohnt sich und ist viel nachhaltiger als so mancher frommer Vorzeigesong. Das merkt man nicht zuletzt an dem Haltbarkeitsdatum von *Ich bete an die Macht der Liebe*. Gerhard Tersteegen schrieb den Text im Jahr 1757. Hut ab!

---

1 Von der Postkarte „Ich bin immer da", http://gott.net/jamarkt/motivserie-1/m028-ich-bin-immer-da.html.

Heimat

Die Fürstin Eleonore Reuß zu Köstritz ist eine kluge und engagierte Frau gewesen, finde ich. Nicht hochtrabend intellektuell, sondern bodenständig und lebensnah. Zum Glück hat sie ihre klugen Gedanken aufgeschrieben. Hier ein Auszug aus ihrem literarischen Vermächtnis:

1. Ich bin durch die Welt gegangen,
   und die Welt ist schön und groß,
   und doch ziehet mein Verlangen
   mich weit von der Erde los.

2. Ich habe die Menschen gesehen,
   und die suchen spät und früh.
   Sie schaffen, sie kommen und gehen,
   und ihr Leben ist Arbeit und Müh.

3. Sie suchen, was sie nicht finden,
   in Liebe und Ehre und Glück,
   und sie kommen belastet mit Sünden
   und unbefriedigt zurück.

4. Es ist eine Ruh vorhanden
   für das arme, müde Herz,
   sagt es laut in allen Landen:
   Hier ist gestillet der Schmerz.

5. Es ist eine Ruh gefunden für alle,
   fern und nah:
   in des Gotteslammes Wunden,
   am Kreuze auf Golgatha.

Heimat hat für mich etwas mit Menschen zu tun. Wo meine Familie ist, da ist auch mein Zuhause. Letztens waren wir als komplette Familie bei

Freunden zu Gast. Nicht direkt bei den Freunden, denn das können wir zu fünft aus Platzgründen nur wenigen zumuten. Wir haben uns in einer Ferienwohnung niedergelassen. Ziemlich schnell lagen die Comics einer meiner Töchter auf dem Boden verstreut, während sie mit ihrer Schwester Fangen spielte und die beiden dabei über Tische und Bänke flitzten. Heimat – trotz fremder Umgebung. Ganz anders geht es mir, wenn ich aus beruflichen Gründen auswärts übernachte. Ich fühle mich oft wohl, habe aber nie das Gefühl, zu Hause zu sein.

Heimat hat für mich etwas mit Gerüchen, Geschmäckern und Bildern zu tun. Ich bin in einer Gärtnerfamilie aufgewachsen und erinnere mich noch heute an den Duft von frischer, nasser Blumenerde und an den Geschmack von gerade gepflückten Tomaten. Die Bilder von gemeinsamen Unternehmungen mit meinen Eltern und meiner Schwester haben sich tief eingebrannt. Ein Picknick im Wald etwa oder ein Urlaub an der Nordsee. Heimat – trotz längst vergangener Zeiten kommen die Bilder in mir immer wieder hoch, wenn ich etwas Ähnliches rieche, schmecke oder sehe.

Heimat ist wie eine Sehnsucht, die in mir schlummert und die nur gestillt wird, wenn ich bei meinen Lieben und Vertrauten bin. Im Gegensatz dazu definiert die Fürstin Reuß zu Köstritz Heimat ganz anders. Sie hat, laut Strophe 1 des Liedes *Ich bin durch die Welt gegangen,* schon all das, was ihr möglich war, im Hier und Jetzt erkundet und hat sich dabei auch wohlgefühlt. Und trotzdem empfindet sie Fernweh! Sie fühlt sich zu etwas anderem hingezogen. Heimat ist für sie nichts Bekanntes, sondern etwas, das sie noch gar nicht kennt, nur erahnt. Heimat ist für sie ihre Beziehung zu Gott, ihr Glaube an die Ewigkeit.

Und sie belegt auch genau, warum: Sie ist offensichtlich schon sehr viel herumgekommen. Ob sie die neusten Infos über Musik, Kunst, Literatur, Politik und den einfachen Klatsch und Tratsch nun bei den Promipartys der damaligen Zeit aufgeschnappt hat oder selbst durch die Welt gereist ist, weiß ich nicht, aber ich nehme ihr ab, dass sie sich mit der Welt beschäftigt hat. Schon allein weil sie als Ehefrau von Fürst Heinrich LXXIV. Reuß wichtige repräsentative Aufgaben wahrnehmen musste. Sie hat ihr Leben geliebt und auch genossen, denn sie bezeichnet diese Welt als gut und schön. Und doch ist ihre tiefste Sehnsucht nicht gestillt worden. Sie wollte mehr kennenlernen, etwas Größeres, Überirdisches.

In den nächsten Strophen spricht sie über ihre Mitmenschen. Sie hat genau beobachtet, was ihr Umfeld so macht, und stellt auch hier fest, dass das nicht alles sein kann. Immer arbeiten, immer auf der Suche nach Anerkennung, und am Ende steht dann doch oft nur die Enttäuschung. Ich bin mir ziemlich sicher, dass die Adelsdame das auch am eigenen Leib erfahren hat. Sie hat das Leben in ihrer ganzen Härte kennengelernt und nicht nur von Ferne aus ihrem blaublütigen Elfenbeinturm beobachtet. Sie scheute sich nicht, sich ihre Hände schmutzig zu machen, und packte tatkräftig dort mit an, wo es nötig war. In einer Schule richtete sie jährlich Weihnachtsfeiern aus und auch in ihrer Kirchengemeinde engagierte sie sich.

Am Ende des Jahres 1857 starb eine sehr gute Freundin von ihr, die Schriftstellerin Marie Nathusius. Spätestens in diesem Moment wird ihr klar gewesen sein, dass die Hoffnung nicht im Diesseits liegen kann, wenn ein Leben so plötzlich und unerwartet endet. Aufgrund dieses schlimmen Ereignisses entstand *Das Jahr geht still zu Ende*, ebenfalls ein Lied voller Hoffnung auf ein Leben nach dem Tod. Und diese Hoffnung hat sie gebraucht, denn das Ehepaar Reuß verlor ein Kind im Alter von zwölf Jahren und ihr Mann, 37 Jahre älter als sie, starb im Jahr 1886. Als Witwe zog Eleonore Fürstin Reuß zu Köstritz nach Ilsenburg im Harz und starb dort 1903 im Alter von 68 Jahren.

„Es ist eine Ruh vorhanden für das arme, müde Herz, sagt es laut in allen Landen: Hier ist gestillet der Schmerz. Es ist eine Ruh gefunden für alle, fern und nah: in des Gotteslammes Wunden, am Kreuze auf Golgatha.“ Durch diese Strophen führt die Dichterin ihre Leser weg von der Rastlosigkeit hin zu einem Ruhepunkt für die Seele, zu einem Ort, an dem man angekommen ist – Heimat. Eine Heimat, die zu erreichen sich lohnt und die für alle erreichbar ist, durch den Tod von Jesus Christus am Kreuz.

Der Glaube an ein Leben nach dem Tod ist und bleibt ein Glaube. Auch die Tatsache, dass dieses Leben durch die Kreuzigung Jesu möglich wird, bleibt eine unbewiesene Annahme. So wird der Glaube in der Bibel beschrieben als *„das Vertrauen darauf, dass das, was wir hoffen, sich erfüllen wird, und die Überzeugung, dass das, was man nicht sieht, existiert“* (Hebräer 11,1). Das finde ich an manchen Stellen des Lebens etwas frustrierend, muss ich sagen. Denn man hat ja nichts in der Hand. Meine von mir am Anfang beschriebene Definition von Heimat kann ich besuchen, beschreiben, fühlen, riechen und manchmal sogar anfassen. Aber das, was mir nicht nur in dem Lied der Fürstin, sondern überhaupt im christlichen Glauben als Heimat „verkauft" wird, kann ich nicht einmal ansatzweise erahnen.

Wieso tröstet das Menschen wie die Dichterin Eleonore Fürstin Reuß zu Köstritz? Gerade in Krisensituationen? Wieso glaube auch ich an eine ewige Heimat? Ganz einfach: Weil ich im Hier und Jetzt lebe und mir deshalb Mittel und Wege suche, um mit den Gedanken an den Tod fertig zu werden. Es ist eine reine Glaubensfrage. Ich kann mir beim besten Willen nicht vorstellen, dass mit dem Tod alles vorbei ist. Ich glaube, dass Gott uns Menschen geschaffen, er als Mensch unter uns gelebt hat und dass er uns für immer bei sich haben möchte. Warum er den Umweg über die Erde gewählt hat, weiß ich nicht so genau, denn darauf bekomme ich selbst durch die Sündenfallgeschichte ganz am Anfang der Bibel keine vernünftige Antwort. Aber das muss ich akzeptieren. Es gibt Dinge, die meinen Horizont übersteigen.

Doch trotz vieler ungelöster Fragen glaube ich trotzdem an diese ewige Heimat, denn mir kann auch niemand das Gegenteil beweisen. Außerdem hilft mir die Idee von einem Leben nach dem Tod schon jetzt. Dadurch habe ich nämlich Hoffnung, die lieben Menschen wiederzutreffen, die meine irdische Heimat schon verlassen haben. Meine Oma, meinen Bruder, meine Tochter und Eleonore Fürstin Reuß zu Köstritz.

Ein Brief an Paul Gerhardt

Paul Gerhardt: Ich singe dir mit Herz und Mund, 1653

Er ist immer noch sehr präsent. Vor allem durch seine Liedtexte erlangte Paul Gerhardt einen großen Bekanntheitsgrad. Fast wie ein Monarch. Denn wer sonst bekommt ein Gedenkjahr (2007), hat mit seinem Gesicht schon zwei Sonderbriefmarken geziert und wird durch Gemälde, Skulpturen und als Namensgeber diverser Gebäude und Institutionen unsterblich? Und das alles aufgrund von Liedern wie diesem:

1. Ich singe dir mit Herz und Mund,
   Herr, meines Herzens Lust;
   ich sing und mach auf Erden kund,
   was mir von dir bewusst.

2. Ich weiß, dass du der Brunn der Gnad
   und ewge Quelle bist,
   daraus uns allen früh und spat
   viel Heil und Gutes fließt.

3. Was sind wir doch? Was haben wir
   auf dieser ganzen Erd,
   das uns, o Vater, nicht von dir
   allein gegeben werd?

7. Ach, Herr, mein Gott, das kommt von dir,
   du, du musst alles tun,
   du hältst die Wach an unsrer Tür
   und lässt uns sicher ruhn.

11. Was kränkst du dich in deinem Sinn
    und grämst dich Tag und Nacht?
    Nimm deine Sorg und wirf sie hin
    auf den, der dich gemacht.

13. Wohlauf, mein Herze, sing und spring
und habe guten Mut!
Dein Gott, der Ursprung aller Ding,
ist selbst und bleibt dein Gut.

17. Er hat noch niemals was versehn
in seinem Regiment,
nein, was er tut und lässt geschehn,
das nimmt ein gutes End.

Lieber Paul Gerhardt,

ich habe lange überlegt, ob ich Ihnen diese Zeilen überhaupt schreiben soll. Nicht, weil ich mich nicht traue, sondern eher, weil ich nicht weiß, ob es überhaupt etwas bringt. Denn Sie sind seit weit über 300 Jahren tot. Und trotzdem treffe ich Sie an jeder Ecke. Allein in diesem Buch stammen mit Abstand die meisten der besprochenen Lieder von Ihnen: sechs von 36. Kompliment dafür. Ich gönne Ihnen das von Herzen.

Aber irgendwann kommt man dann doch ins Grübeln, vor allem als Autor dieses Buches. Warum immer Paul Gerhardt? Bitte nicht falsch verstehen, Sie haben Großartiges geleistet. Sie haben in Ihrem Leben viel Kritik einstecken müssen und allerlei Schweres erlebt. Aber auch schon zu Ihren Lebzeiten wurde Ihnen aufgrund Ihrer Dichtkunst viel Wohlwollen und Begeisterung entgegengebracht. Wenn ich nur an den Winter 1666 denke, dreizehn Jahre nachdem Sie *„Ich singe dir mit Herz und Mund"* geschrieben haben … Da sollten Sie eigentlich Ihre Unterschrift unter das vom Kurfürsten erlassene Toleranzedikt setzen, aber aus Gewissensgründen haben Sie das abgelehnt. Als Lutheraner wollten Sie die Anweisungen der reformierten Lehre unter keinen Umständen anerkennen und verweigerten eine entsprechende Unterschrift. Das hätte für jeden anderen Menschen das sofortige berufliche Todesurteil bedeutet. Auch Sie wurden erst einmal unehrenhaft aus dem Pfarrdienst der Berliner Nikolaikirche entlassen.

Allerdings regte sich sofort Unmut in der Bevölkerung, denn Sie waren einfach schon zu bekannt. Nicht nur in Berlin, sondern auch darüber hinaus. Die Berliner Bürger und sogar die Behörden haben sich für Sie eingesetzt und sich mit dem Kurfürsten Johann Sigismund angelegt. Das macht man nicht einfach so. Und Ihre Fans haben auch nicht nur genörgelt: „Das finden wir jetzt aber doof." Sie stellten ordentliche Forderungen: sofortige Wiedereinsetzung in Amt und Würden, ohne dass Sie die Unterschrift leisten müssten. Wie haben Sie sich da eigentlich gefühlt, bei diesem Kräftemessen zwischen Ihren Gegnern und Unterstützern? Waren Sie stolz? Hatten Sie Angst? Lassen Sie mich raten: nichts von beidem, oder?! Diese Annahme erschließt sich mir aus dem Ende der Episode. Nachdem sich der Kurfürst erst geziert hatte, musste er sich dann doch der vehementen Gegenwehr geschlagen geben. Sie wurden wieder eingesetzt, ohne unterschreiben zu müssen. Erfolg auf der ganzen Linie? Von wegen.

Denn dann geschah das Unvorstellbare: Sie haben das Angebot dankend abgelehnt und auf die sicheren Einkünfte verzichtet. Daraufhin sind Sie zum zweiten Mal, und nun aber endgültig, vom Kurfürsten entlassen worden. Das war für Sie weniger schlimm, als gegen Ihre theologische Überzeugung zu handeln. Und das haben Sie mit vielen anderen Querdenkern der damaligen und heutigen Zeit gemeinsam. Aber dass Sie auch den Rückenwind der Unterstützung und die Ihnen doch sicher schmeichelnde Sympathie geringer achteten als Ihre Glaubens- und Gewissensgründe, das ist schon seltener. Sie hätten sich schließlich feiern lassen können als einen der wenigen, die dem Kurfürsten erfolgreich die Stirn geboten haben.

Herr Gerhardt, geben Sie es ruhig zu: Sie waren der Popstar des 17. Jahrhunderts und haben keinen Profit daraus geschlagen. Aber mal ehrlich: Würden Sie heutzutage nicht vielleicht doch das Edikt unterschreiben? Differenzen zwischen Lutheranern und Reformierten in allen Ehren, aber das ist doch inzwischen kalter Kaffee, oder?

Mittlerweile merke ich: Es war doch eine sehr gute Idee, Ihnen zu schreiben. Denn selbst wenn Sie diese Zeilen niemals lesen werden, helfen sie mir dabei, zu verstehen, warum Sie damals und heute so anerkannt sind: eben weil Sie den ganzen Hype nicht für sich genutzt haben. Sie haben das durchgezogen. Einen Entschluss getroffen und auch mit den Konsequenzen gelebt. Ich bin mir sicher, dass Sie nach Ihrer Entscheidung gegen die Wiedereinsetzung in die Pfarrstelle so einige schlaflose Nächte hinter sich bringen mussten. Zumindest würde Sie mir das um einiges sympathischer machen. Aber Ihre Überzeugungen waren Ihnen einfach zu wichtig. Wahrscheinlich war die Bedeutung dieser theologischen Streitdebatte damals viel schwerwiegender, als ich mir das heute vorstellen kann. Aber trotzdem: Viele Ihrer Unterstützer werden Ihre Entscheidung wahrscheinlich nicht verstanden haben. Sicher haben sich einige auch abgewandt, was ich verstehen könnte. Da setzen sich die Leute voll für Sie ein und dann diese Enttäuschung.

Das zeigt mir: Sie sind ein wahrer Künstler. Sie achten nicht darauf, selbst von allen Seiten angestrahlt zu werden. Stattdessen haben Sie Ihre Kunst komplett in den Dienst für Gott gestellt: *„Ich singe dir mit Herz und Mund, Herr, meines Herzens Lust; ich sing und mach auf Erden kund, was mir von dir bewusst."* Diese Verse waren kein bloßes Lippenbekenntnis, sondern Sie haben das wirklich so beherzigt. In manchen Kreisen gelten Sie als besonderes Vorbild, weil Sie angeblich für eine konservative Form des christlichen Glaubens stehen. Ich finde: Sie sind ein Revolutionär. Aber einer, der unter seiner Bürde gelitten hat, weil er genau wusste, dass das auch einmal eng werden kann. Wer Entscheidungen trifft, muss in Kauf nehmen, Fehler zu machen.

Was hat Sie eigentlich getragen und gehalten in solchen Situationen? Moment, ich glaube, ich kenne die Antwort: *„Er hat noch niemals was versehn in seinem Regiment, nein, was er tut und lässt geschehn, das nimmt ein gutes End."* Oder mit meinen Worten zusammengefasst: Am Ende wird alles gut. Denn Gott passt auf!

Die Frage ist nur: Wie sieht Ihre Definition von dem „Ende" aus? Meinen Sie das Leben nach dem Tod? Wahrscheinlich. Hach, da ist es jetzt doch ein bisschen schade, dass ich weder die Adresse des Empfängers kenne noch die Adresse des Absenders, also meine, auf den Brief schreiben muss. Antwort werde ich von Ihnen wohl nicht so schnell bekommen. Aber ich lasse den Brief einfach in meiner Schreibtischschublade liegen. Denn er hat mir tatsächlich geholfen. Und immer, wenn ich mal eine schwere Entscheidung zu treffen habe, nehme ich ihn wieder heraus und lese ihn durch. Und gleich danach die Textzeilen des Liedes *Ich singe dir mir mit Herz und Mund.* Das inspiriert und ermutigt, zu den eigenen Werten zu stehen. Egal, was Fans und Kritiker sagen. Meine Entscheidung treffe ich selbst.

Hochachtungsvoll
Daniel Schneider

Amor und Jesus

Cyriakus Schneegaß: In dir ist Freude, 1598

Hier passt einiges nicht zusammen: Die fröhliche Melodie des Liedes „In dir ist Freude" scheint den zu ihr gehörigen schweren deutschen Text nicht ernst zu nehmen. Die Klänge eines italienischen Tanzliedes stehen in deutlichem Gegensatz zu den geistlichen Strophen aus der Feder von Cyriakus Schneegaß. Haben Sie die Melodie im Ohr? Dann machen Sie mal ein Experiment: Pfeifen Sie eine Strophe einfach nur die Tonfolge, und singen Sie danach folgenden Text:

1. In dir ist Freude
   in allem Leide,
   o du süßer Jesu Christ!
   Durch dich wir haben
   himmlische Gaben,
   du der wahre Heiland bist;
   hilfest von Schanden,
   rettest von Banden.
   Wer dir vertrauet,
   hat wohl gebauet,
   wird ewig bleiben. Halleluja.
   Zu deiner Güte
   steht unser G'müte,
   an dir wir kleben
   im Tod und Leben;
   nichts kann uns scheiden. Halleluja.

2. Wenn wir dich haben,
   kann uns nicht schaden
   Teufel, Welt, Sünd oder Tod;
   du hast's in Händen,
   kannst alles wenden,
   wie nur heißen mag die Not.
   Drum wir dich ehren,
   dein Lob vermehren

mit hellem Schalle,
freuen uns alle
zu dieser Stunde. Halleluja.
Wir jubilieren
und triumphieren,
lieben und loben
dein Macht dort droben
mit Herz und Munde. Halleluja.

Es ist *eine* Melodie – zu der es jedoch *zwei* verschiedene Texte gibt: „A lieta vita" und „In dir ist Freude" könnten unterschiedlicher nicht sein. Und doch haben sie eine grundlegende Parallele: Beide besingen einen Gott der Liebe. Das italienische Volkslied von Giovanni Gastoldi aus dem 16. Jahrhundert handelt von Amor, dem römischen Gott der Liebe. Ein heidnischer Herrscher, der mit Pfeil und Bogen durch die Lüfte fliegt, nach Opfern Ausschau hält und diese abschießt. Wer von Amors Pfeilen getroffen wird, verliebt sich in derselben Sekunde. Es kann jeden treffen. Amor hat Spaß daran. Klar, Liebe ist etwas Schönes, und Verliebtsein ist das Höchste der Gefühle. Das Lied geht leicht über die Lippen und wurde gerne auf Tanzveranstaltungen gespielt. Es klingt sinnlich und durch die italienische Sprache schmelzen die Herzen noch schneller dahin.

Der später entstandene deutsche Text handelt ebenfalls von einem Gott der Liebe: vom Gott der Christen und von seinem Sohn, dem Christus, der fleischgewordenen Liebe sozusagen. Der kommt nicht als geflügelter Liebesbote zum Einsatz, sondern kam als Wanderprediger auf die Welt. Im Gegensatz zu Amor konnte er sich damals auch nicht schnell wieder zurückziehen, nachdem er seinen Dienst getan hatte. Außerdem ist Jesus zu seinen Lebzeiten immer wieder angeeckt, mit Vorliebe bei den religiösen Führungspersönlichkeiten der damaligen Zeit. Die Herrscher der damaligen Welt, in der Jesus lebte, sahen in ihm einen Unruhestifter. Deshalb sanken seine Beliebtheitswerte nach einigen Zwischenhochs am Ende seines menschlichen Daseins bei den meisten Menschen auch rapide ab. Schlimmer noch, ihm schlug blanker Hass entgegen. Und anstatt sich in den Himmel zurückzuziehen, wurde er qualvoll gekreuzigt.

Zusammengefasst: Es gibt wenig Gemeinsamkeiten zwischen Amor und Jesus.

Doch neben der Melodie verbindet beide Lieder ein Thema. *Das Thema: Liebe.* Sie interpretieren es nur sehr unterschiedlich. Während Amor angeblich nur den Beginn einer Liebe verursacht und sich dann galant zurückzieht, buchstabiert Jesus die Liebe ganzheitlich durch. Das ist weniger romantisch und die rosaroten Herzchen fehlen, das gebe ich zu. Aber es deckt mehr ab. Die Wörter „Leid und Freude" in einem Satz gleich am Anfang des Liedes lassen schon erahnen, wohin die Reise geht. Und genau das macht für mich Jesu Definition von Liebe realistischer.

Denn so wie die Bibel Jesus beschreibt und mir damit seine Art der Liebe nahegebracht und erklärt wird, zielt sie nicht einzig und allein auf die guten Tage in einer Beziehung, sondern auch auf die schlechten. Und die gehören zu jeder Beziehung, egal wie innig sie sein mag. Erst wenn es mal nicht so läuft, zeigt sich, was eine Liebe wert ist

Jesus hat die ganze Palette der menschlichen Gefühle sehr ernst genommen. Drei Beispiele:

Freude: Bei der Hochzeit zu Kana hat er mit den Menschen gefeiert. Und die orientalischen Hochzeiten sind von einem anderen Partykaliber als unsere. Damals wie heute. Da wird tagelang durchgefeiert. Und nebenbei sorgt Jesus noch dafür, dass es Getränkenachschub gibt (Johannes 2,1-11). Jesus wollte, dass es den Menschen gut geht! Warum? Aus Liebe!

Ungerechtigkeitsempfinden: An anderer Stelle hat er sich eingemischt. Eine wegen Ehebruch angeklagte Frau sollte gerade gesteinigt werden, als Jesus dazwischengeht und die gesamte aufgebrachte Menge mit einem einzigen Satz zum Schweigen bringt: *„Wer von euch ohne Sünde ist, der soll den ersten Stein auf sie werfen"* (Johannes 8,7). Das saß. Und wir reden bei dieser Praxis des Steinigens nicht über den religiösen Wahn einiger frommer Spinner, sondern das war damals politisch und sozial abgesicherter Usus. Jesus hat sich mitten im Leben vor die Menschen gestellt. Warum? Aus Liebe!

Angst: Kurz vor seinem Tod am Kreuz, als Jesus ganz allein ist, wird ihm die ganze Sache dann doch zu heiß. Er redet mit seinem Vater und sagt im übertragenen Sinn: „Vater, ich weiß, dass ich keinen Rückzieher machen kann. Dafür sind wir einfach schon zu weit gekommen. Und ich werde das auch durchziehen. Aber falls es doch eine wie auch immer geartete Möglichkeit gibt, diese Sache anders zu einem guten Ende zu führen, dann lass es mich wissen, okay?! Ich habe nämlich Angst!!!" Er hat es trotzdem durchgezogen. Warum? Aus Liebe!

Die Leidensgeschichte von Jesus, so wie sie in der Bibel beschrieben wird, ist nicht leicht verdaulich. Also liegt es nahe, dass Lieder, die von Jesus handeln, auch nicht so leicht verdaulich sind! Wie in unserem aktuellen Beispiel: Leiden und Freude zusammengenommen machen mich erst einmal stutzig. Aber es stimmt. Nehmen wir doch unsere menschlichen Beziehungen – zum Partner, zur Partnerin, zu Freund, Freundin, Mutter, Vater, Bruder oder Schwester: Solche Beziehungen brauchen Durchhaltevermögen, Kompromissbereitschaft, Energie, Nerven, Mut. Da lässt man Federn. Das kann wehtun. Da geht auch mal was schief!

Nicht alles verläuft in perfekter Harmonie. Es gibt keine Garantie auf eine lebenslange Verliebtheitsphase. Im Gegenteil: Die Phase ist irgendwann vorbei. Beziehungen sind anstrengend und machen Arbeit. Es müssen ja auch nicht immer die großen Tragödien sein. Die kleinen Nervereien im Alltag genügen völlig! Beziehungen kosten etwas! Auch Freundschaften werden dann und wann auf eine harte Probe gestellt.

Doch diese Art von Liebe lohnt sich. Denn nur wenn ich meinen engsten Mitmenschen auch mal zumuten kann, dass es mir schlecht geht, ich fehlerhaft bin und bei genauerem Hinsehen ganz schön viele Macken habe, wird eine vertrauensvolle Beziehung entstehen können. Alles andere bleibt an der Oberfläche. Und auch ich muss damit leben, dass mein soziales Netzwerk nicht immer so handelt, wie ich das möchte. Aber trotzdem ist es mir wichtig. Ich möchte mich für meine Leute einsetzen, weil sie zu mir gehören, weil ich sie schätze und liebe.

Normalerweise klingen Textzitate von solchen Dichtern wie Cyriakus Schneegaß aus längst vergangenen Zeiten ja immer etwas abgehoben und triefend religiös. Aber diesmal trifft es mich mitten im Alltag. Denn Beziehungen, Liebe, Freude und Leid sind ein Thema unserer Zeit. Und anhand des ersten Verses, also *„In dir ist Freude in allem Leide"*, kann man die Besonderheit des christlichen Glaubens erklären: Gott macht sich klein, kommt als Mensch auf diese Welt, macht sich nahbar und bringt das Evangelium, die Frohe Botschaft, zu uns Menschen. Und das alles mündet in seinem Leiden am Kreuz.

Zum Schluss möchte ich allerdings betonen, dass ich sehr dankbar für Verliebtheitsgefühle bin und glaube, dass sie nie ganz verschwinden. Deshalb finde ich es auch wunderbar, dass mit der Melodie des alten italienischen Liebesliedes immer noch ein Hauch von Verliebtheit bei *„In dir ist Freude"* mitschwingt.

Ich weiß nicht, ob Jesus selbst mal verliebt war, aber in jedem Fall findet er Verliebtheit gut, weil es uns guttut. Er freut sich, wenn wir Menschen uns verlieben. Warum? Aus Liebe!

Jesus, geh schon mal vor

Nikolaus Ludwig Graf von Zinzendorf:
Jesu, geh voran, 1725

Es gibt Lieder, auf die habe ich keine Lust. Erst einmal. „Jesu, geh voran" von Nikolaus Ludwig Graf von Zinzendorf gehört dazu. Das klingt so durchtränkt von lebensfremder Frömmigkeit und ich denke: Ja, ja, nette Worte. Da hat sich Zinzendorf in seinem frommen Elfenbeinturm ja etwas Schönes zusammengereimt. Doch ich wurde eines Besseren belehrt. Durch meine eigene Vergangenheit.

1. Jesu, geh voran
   auf der Lebensbahn!
   Und wir wollen nicht verweilen,
   dir getreulich nachzueilen;
   führ uns an der Hand
   bis ins Vaterland.

2. Soll's uns hart ergehn,
   lass uns feste stehn
   und auch in den schwersten Tagen
   niemals über Lasten klagen;
   denn durch Trübsal hier
   geht der Weg zu dir.

3. Rühret eigner Schmerz
   irgend unser Herz,
   kümmert uns ein fremdes Leiden,
   o so gib Geduld zu beiden;
   richte unsern Sinn
   auf das Ende hin.

4. Ordne unsern Gang,
   Jesu, lebenslang.
   Führst du uns durch raue Wege,
   gib uns auch die nöt'ge Pflege;

tu uns nach dem Lauf
deine Türe auf.

Als ich das Foto in meiner Hand betrachte, erscheint es mir wie ein
Blick in den Rückspiegel meiner Lebensbahn. Zu sehen ist auf dem
Bild Daniel Schneider im schlecht sitzenden Anzug, umrahmt von
anderen Teenagern, vor einer Kirche. Mein Konfirmationsbild aus
dem Jahr 1993. Das war ein Erlebnis. Ich habe ordentlich Geschen-
ke abgeräumt und konnte mir mit meinen fast vierzehn Jahren einige Zeit später den Traum vom eigenen Mofa erfüllen. Aber nicht nur
deshalb habe ich meine Konfirmation in guter Erinnerung behalten.
Sie bedeutete mir tatsächlich etwas. Ich habe damit bekräftigt, dass
ich Christ bin und zu einer christlichen Gemeinde gehöre.

Ich wollte mit Leib und Seele, dass Jesus auf meiner Lebensbahn
vorangeht. Dafür steht auch mein Konfirmationsspruch, den ich mir
gemeinsam mit meinen Eltern ausgesucht habe: *„Ich schäme mich des
Evangeliums von Jesus nicht: Es ist eine Kraft Gottes, die jeden rettet,
der glaubt"* (Römer 1,16; LUT). Zu diesem Zeitpunkt wusste ich noch
nicht, was dieser Bibelvers in den darauffolgenden Jahrzehnten mit
mir machen würde. Er hat mich wirklich begleitet. Aber nicht immer so, wie ich mir das vorgestellt habe. Was macht man mit dreizehn Jahren, wenn man diesen Vers durchbuchstabiert? Sich schämen zum Beispiel! Manchmal wurde ich im Schulunterricht nach der
kirchlichen Jugendgruppe gefragt, zu der ich jede Woche ging. Was
da so laufe. Ich habe da nicht selbstbewusst, sondern eher verkrampft
geantwortet. Warum? Keine Ahnung. Vielleicht, weil ich schon als
fromm galt und das kein angesagtes Adjektiv für einen angehenden
Teenager ist. Anstatt *„Jesu, geh voran"* habe ich eher „Jesus, geh schon
mal vor" angestimmt.

Welche Bedeutung hatte dieser Satz für mich mit 17 Jahren? Wenn
einem Gott überhaupt nicht mehr wichtig ist und man einfach das
Leben genießen möchte? Man kümmert sich dann nicht um einen
solchen Satz. Man lässt ihn links liegen und Gott gleich mit. „Jesus,
geh mal ohne mich" war die Devise.

Mit Anfang 20 habe ich den Vers wieder anders durchbuchstabiert.
Ich war gerade mit einem evangelistischen Musikprojekt vom Janz
Team auf Tour durch Deutschland und die Schweiz. Dort bin ich mit
anderen Musikerinnen und Musikern in Fußgängerzonen aufgetre-

ten. Ich war stolz und motiviert, fühlte mich wie ein richtiger Evangelist. „Jesus, ich geh jetzt mal voran" war mein Motto.

Was macht man mit dreißig Jahren, wenn dieser Satz wieder ins Gedächtnis kommt und man während eines Praktikums im Theologiestudium vor knapp hundert Leuten auf der Kanzel steht? Man ist voller Zweifel und voller Hoffnung zugleich: Man fühlt sich überhaupt nicht fähig, das Evangelium angemessen rüberzubringen. Und trotzdem hat man so sehr das Bedürfnis, ein Bekenntnis von dem abzulegen, was man glaubt. „Jesus, gehst du wirklich voran?", fragte ich zweifelnd.

Und jetzt, mit 36 Jahren, denke ich wieder über meine Lebensbahn nach, inspiriert durch den Liedtext von Zinzendorf. Mir wird erstmals so richtig bewusst, mit welcher unterschiedlichen Wahrnehmung ich alte, geistliche Texte lese und verinnerliche. Egal ob Bibelvers oder Liedzeile: Meine Lebenssituationen verändern sich ständig, die Texte aber bleiben. Diese fehlende Dynamik stört mich. Wie soll ich damit umgehen?

Ich wähle einen Umweg und nähere mich den alten Zeilen über den Dichter: Nikolaus Ludwig Graf von Zinzendorf hat das Lied *Jesu, geh voran* mit 21 Jahren geschrieben. Als junger Erwachsener. Ich stöbere in Zinzendorfs Leben. Lese biografische Texte und Lebensbilder über ihn. Und ich merke: Mensch, der hat aber auch einiges durchgemacht in seinem Leben.

Los ging es mit seiner konservativen christlichen Einstellung und seiner persönlichen Beziehung zu Jesus. Die waren seinem Onkel ein Dorn im Auge. Deshalb hat dieser ihn als Teenager im Jahr 1716 zum Studium der Rechtswissenschaft nach Wittenberg geschickt. Da sollte der Junge zur Vernunft kommen. Das hat nicht funktioniert. Dann ging es munter weiter. Er hat die Herrnhuter Brüdergemeine gegründet, ist Vater der Losungen. Er wurde stark angefeindet. Er hat sich öfter mal im Ton vergriffen und ihm wird eine Affäre nachgesagt. Was für eine Dynamik. Er war ein Gesegneter und Gescheiterter. Wie andere geistliche Vorbilder auch, von denen jedoch oft genug nur das Positive in die Gegenwart hinübergerettet wird.

Mir jedoch hilft es, wenn ich lese, dass Zinzendorf auch ein komischer Kauz gewesen sein soll und auf seiner Lebensbahn so einige Hügel und Schlaglöcher überwinden musste. Dadurch kommen seine Zeilen in meine Wirklichkeit. Ich sehe Zinzendorf vor mir, wie er mit zitternden Händen die Zeile „*Führst du uns durch raue Wege, gib uns auch die nöt'ge Pflege*" schreibt und mitbetet. Weil er mitten im Leben steht, ganz Kind seiner Zeit ist, aber mir trotzdem nahe kommt. Und damit auch seine Zeilen. Ich übersetze sie für mich. Und bin auf einmal ganz bei meiner eigenen Beziehung zu Jesus. Ich reflektiere meine Biografie. Das ist auch gar nicht anders möglich. Selbst wenn ich versuche, die Bibel oder das Gesangbuch mit möglichst objektiver Sichtweise zu lesen – meine eigenen Erfahrungen spielen mit hinein. Mal mehr und mal weniger.

Das ist aber gar nicht schlimm. Denn ich glaube, das hat Gott mit einkalkuliert. Schon bei der Schöpfung. Er schuf uns nach seinem Ebenbild und doch jeden Menschen einzigartig. Und wenn ich Gott als meinen Schöpfer ansehe, dann kann er gut mit meinem Leben umgehen, das sich stetig verändert. Er hat es selbst durchgemacht: Er hat sich extra für eine menschliche Biografie entschieden, damit wir seine Theologie, also ihn selbst, verstehen. Damit wir zumindest im Ansatz wissen, wem wir da folgen. Jesus hat uns Gott vorgelebt.

Aber er hat sich auch ordentlich Schelte von seiner Mutter abgeholt, hat mit den Menschen Hochzeit gefeiert, den Alltag geteilt und war bei denen, die am Rand der Gesellschaft standen. Im Zweifel bei denen, die keine Lobby hatten, bei denen, die anders waren. Jesus hat vor allem gelebt, um uns zu lieben. Und um uns zu sagen: „Hey, schöne Grüße von Gott, deinem Schöpfer. Liebe deinen Nächsten, also achte auf deine Mitmenschen, und liebe dich selbst! Sei gut zu dir und steh zu deinem Lebensweg. Da ist mehr Theologie drin, als du glaubst. Denn du bist von Kopf bis Fuß ein geliebter Mensch."

Deshalb kann er gut damit umgehen, wenn ich ihn mal vorlaufen lasse, überhole oder überhaupt nicht wahrnehme. Denn Gott selbst hat mich ständig im Blick. Das macht mir Mut! Selbst wenn ich ein Bild von einem 13-jährigen Daniel Schneider in einem schlecht sitzenden Anzug betrachte.

Jesus ... Gefällt mir!

Johann Franck: Jesu, meine Freude, 1653

Daumen hoch – dieses Symbol ist vor allem durch ein bestimmtes soziales Netzwerk weltweit verbreitet. Hier steht es für die Aussage „Gefällt mir". Bilder, Zitate, Videos und Artikel werden so zustimmend kommentiert. Doch auch abseits der virtuellen Welt wird die Faust mit dem nach oben gestreckten Daumen weltweit als positives und motivierendes Signal verstanden. Das Lied „Jesu, meine Freude" von Johann Franck ist quasi der „Gefällt mir"-Motivationsdaumen der Kirchenliederszene. Hochgestreckt wird er von Jesus persönlich.

1. Jesu, meine Freude,
   meines Herzens Weide,
   Jesu, meine Zier:
   Ach wie lang, ach lange
   ist dem Herzen bange
   und verlangt nach dir!
   Gottes Lamm, mein Bräutigam,
   außer dir soll mir auf Erden
   nichts sonst Liebers werden.

2. Unter deinem Schirmen
   bin ich von den Stürmen
   aller Feinde frei.
   Lass den Satan wettern,
   lass die Welt erzittern,
   mir steht Jesus bei.
   Ob es jetzt gleich kracht und blitzt,
   ob gleich Sünd und Hölle schrecken,
   Jesus will mich decken.

3. Trotz dem alten Drachen,
   trotz dem Todesrachen,
   trotz der Furcht dazu!
   Tobe, Welt, und springe;

ich steh hier und singe
in gar sichrer Ruh.
Gottes Macht hält mich in Acht,
Erd und Abgrund muss verstummen,
ob sie noch so brummen.

4. Weg mit allen Schätzen;
du bist mein Ergötzen,
Jesu, meine Lust.
Weg, ihr eitlen Ehren,
ich mag euch nicht hören,
bleibt mir unbewusst!
Elend, Not, Kreuz, Schmach und Tod
soll mich, ob ich viel muss leiden,
nicht von Jesus scheiden.

5. Gute Nacht, o Wesen,
das die Welt erlesen,
mir gefällst du nicht.
Gute Nacht, ihr Sünden,
bleibet weit dahinten,
kommt nicht mehr ans Licht!
Gute Nacht, du Stolz und Pracht;
dir sei ganz, du Lasterleben,
gute Nacht gegeben.

6. Weicht, ihr Trauergeister,
denn mein Freudenmeister,
Jesus, tritt herein.
Denen, die Gott lieben,
muss auch ihr Betrüben
lauter Freude sein.
Duld ich schon hier Spott und Hohn,
dennoch bleibst du auch im Leide,
Jesu, meine Freude.

Daumen hoch, die Erste:

Pause – die Spielerinnen auf dem Centre Court gehen zu ihren Bän-
ken, würdigen sich keines Blickes und legen die Tennisschläger neben sich. Volle Konzentration auf das nächste, vielleicht entscheidende Spiel im letzten Satz. Die Favoritin befindet sich „im Tunnel". Der
Lärm des tosenden Publikums um sie herum gelangt nur von Ferne
an ihr Ohr. Sie hat sich mental eingeigelt. Bewusst, denn die Mehrheit
der Zuschauer ist gegen sie. Die hat sich auf die Seite der Lokalmata-
dorin und Außenseiterin geschlagen. Eigentlich feuert fast niemand
sie an. Das kennt sie gut. Es macht ihr auch gar nichts aus. „Time",
sagt der Schiedsrichter durchs Mikrofon und signalisiert den Spielerinnen damit, dass die kurze Unterbrechung zu Ende ist. Während
ihre Gegnerin schon unter dem frenetischen Jubel ihrer Fans auf den
Platz geht, zieht sie noch schnell die Schnürsenkel zurecht und erhebt
sich Sekunden später. Ihr Blick geht nach oben und fokussiert eine
Richtung. Sie schaut auf die Tribüne. Da, wo die Angehörigen sitzen,
findet sie das vertraute Gesicht ihres Trainers. Immer dann, wenn es
besonders turbulent zugeht, sucht sie den ruhigen Blick ihres Coa-
ches, der ihr auch jetzt wieder Sicherheit gibt. Er lächelt ihr zu, hebt
den Daumen und signalisiert ihr damit: Alles im grünen Bereich!
Lass dich von den äußeren Umständen nicht verrückt machen! Kon-
zentrier dich.

Daumen hoch, die Zweite:

Die Pause ist fast vorbei. Er geht mit einem flauen Gefühl im Magen
zurück ins Meeting. Jetzt kommt es drauf an. Wenn er seine Dar-
bietung vermasselt, dann springt der Interessent womöglich ab, und
seine Firma verliert den großen Auftrag. Er geht in Gedanken noch
einmal alle Folien durch. Drei Nächte lang hat er die Präsentation
vorbereitet, und selbst im Schlaf hat sie ihn verfolgt. Eigentlich kann
gar nichts schiefgehen. Wenn nur dieses Lampenfieber nicht wäre.
Das begleitet ihn schon seit der Schulzeit. Er kann doch reden, aber
sobald er vorne steht, schwitzen seine Handflächen, der Hals wird
trocken und die Kehle ist wie zugeschnürt. Der Konferenzraum füllt
sich, Kaffee wird nachgeschenkt. Als sein Chef zur Präsentation über-
leitet und ihn als Chefentwickler der Software vorstellt, wird ihm kurz
schwindelig. „Alter, jetzt reiß dich zusammen", denkt er, erhebt sich
dann und geht nach vorne. Sein Chef lächelt ihm zu und setzt sich

auf seinen Platz. Er klappt den Laptop auf, schaut kurz hoch, sieht in wohlwollende Gesichter und blickt dann wieder auf die Tastatur. Darauf liegt ein kleiner Zettel mit einer Zeichnung. Eine Faust mit einem nach oben gestreckten Daumen ist darauf zu sehen, und darunter steht: „Du packst das. Stell dir die Jungs einfach in Unterhosen vor", in der Handschrift seines Kollegen. Ein Lächeln umspielt seine Lippen. „Ich freue mich, Ihnen mein neues Baby vorstellen zu dürfen", hört er sich sagen und beginnt selbstbewusst mit der Präsentation.

Daumen hoch, die Dritte:

„Die Nächste bitte" – die Stimme der Sprechstundenhilfe reißt sie aus ihren Gedanken. Immer dann, wenn man es nicht eilig hat, zum Arzt zu kommen, vergeht die Wartezeit viel zu schnell. Wie oft hat sie in diesem Wartezimmer gesessen und nun kommt der entscheidende Moment. Alle Untersuchungsergebnisse liegen vor. Sie nimmt ihre Tasche in die Hand und folgt der jungen Frau ins Sprechzimmer. „Der Herr Doktor kommt sofort."

„Wenn es wieder bösartig ist, was dann?", denkt sie und lässt ihre Blicke über die Bücherregale schweifen. „Wie soll ich das noch einmal durchstehen? Die letzte Behandlung ist doch so gut verlaufen." Ihr steigen Tränen in die Augen, und sie greift in ihre Handtasche, um ein Taschentuch zu suchen. Dabei ertastet sie eine Karte, zieht diese erstaunt heraus und merkt, dass sie von ihrem Mann stammt, der sie heimlich in ihre Handtasche geschmuggelt haben muss. „Mein lieber Schatz", liest sie, und schon wieder schießen ihr die Tränen in die Augen. „Egal, was bei der Untersuchung herauskommt, wir beide schaffen das! Und weißt du auch, warum? Weil wir nicht alleine sind. Jesus ist bei uns. Als Tröster, Motivator und Helfer. Ich liebe dich!" Sie dreht die Karte um und liest die Verse von Johann Franck: *„Jesu, meine Freude, meines Herzens Weide, Jesu, meine Zier: Ach wie lang, ach lange ist dem Herzen bange und verlangt nach dir! Gottes Lamm, mein Bräutigam, außer dir soll mir auf Erden nichts sonst Liebers werden."*

Dreimal „Daumen hoch" im Jahr 2016. Die aktuellen Problemlagen von uns Menschen scheinen sich auf den ersten Blick ganz schön von denen zu Francks Zeiten zu unterscheiden. Das wäre nicht weiter verwunderlich, denn dazwischen liegen einige Jahrhunderte. Doch wer weiß, vielleicht sind mit den Schreckensbildern, die rein sprachlich nicht so recht in unsere Zeit passen wollen, Ängste und Schicksals-schläge beschrieben, die wir ganz genauso kennen. Einsamkeit, Todesangst und Nervenflattern sind generationenübergreifend.

Aber es gibt jemanden, der die Menschen aller Jahrhunderte verbindet und über Jahrtausende die Rolle des Motivators erfüllt. Jesus ist der Fixpunkt für Johann Franck und das ist die Kernbotschaft, aufgrund derer sich dieses Lied bis zum heutigen Tag in der Playlist der Gottesdienste hält. Jesus ist es, der den Daumen hochstreckt. Der Halt und Mut gibt, wenn um uns herum *„die Welt erzittert"* oder *„tobt und springt"*. Motivieren funktioniert aber nicht nur in Extremsituationen. Wenn die Welt gerade ruhig ist, wenigstens dort, wo wir leben, dann ist er ebenfalls daran interessiert, uns Freude zu machen. Denn er hat auch Freude an uns. Von Anfang an. Den ersten „Daumen hoch" für uns Menschen gab es schon bei der Entstehung der Welt. In der Schöpfungsgeschichte heißt es, nachdem Gott den Menschen geschaffen hatte: *„Danach betrachtete Gott alles, was er geschaffen hatte. Und er sah, dass es sehr gut war"* (1. Mose 1,31). Oder anders ausgedrückt: Gefällt mir!

Gegen die Norm

Er hatte einen Sprechberuf, war wortgewandt und trotzdem ab einem gewissen Zeitpunkt nicht mehr sprachfähig. 1757 dichtete Philipp Friedrich Hiller den Liedtext zu „Jesus Christus herrscht als König". Zu diesem Zeitpunkt war er schon an einem Halsleiden erkrankt, welches ihm das Predigen unmöglich machte. Zumindest im herkömmlichen Sinn. Denn solche Verse wie die folgenden sorgten dafür, dass Hiller auch durch leise Töne überzeugen konnte:

1. Jesus Christus herrscht als König,
   alles wird ihm untertänig,
   alles legt ihm Gott zu Fuß.
   Aller Zunge soll bekennen,
   Jesus sei der Herr zu nennen,
   dem man Ehre geben muss.

2. Fürstentümer und Gewalten,
   Mächte, die die Thronwacht halten,
   geben ihm die Herrlichkeit;
   alle Herrschaft dort im Himmel,
   hier im irdischen Getümmel
   ist zu seinem Dienst bereit.

3. Gott ist Herr, der Herr ist Einer,
   und demselben gleichet keiner,
   nur der Sohn, der ist ihm gleich;
   dessen Stuhl ist unumstößlich,
   dessen Leben unauflöslich,
   dessen Reich ein ewig Reich.

5. Nur in ihm, o Wundergaben,
   können wir Erlösung haben,
   die Erlösung durch sein Blut.

Hört's: Das Leben ist erschienen,
und ein ewiges Versühnen
kommt in Jesus uns zugut.

6. Jesus Christus ist der Eine,
der gegründet die Gemeine,
die ihn ehrt als teures Haupt.
Er hat sie mit Blut erkaufet,
mit dem Geiste sie getaufet,
und sie lebet, weil sie glaubt.

7. Gebt, ihr Sünder, ihm die Herzen,
klagt, ihr Kranken, ihm die Schmerzen,
sagt, ihr Armen, ihm die Not.
Wunden müssen Wunden heilen,
Heilsöl weiß er auszuteilen,
Reichtum schenkt er nach dem Tod.

8. Eil, es ist nicht Zeit zum Schämen!
Willst du Gnade? Du sollst nehmen.
Willst du leben? Das soll sein.
Willst du erben? Du wirst sehen.
Soll der Wunsch aufs Höchste gehen:
Willst du Jesum? Er ist dein.

Im Jahre 1751 verbreitete sich die Nachricht wie ein Lauffeuer in dem schwäbischen Städtchen Steinheim am Albuch: „Habt ihr es schon gehört? Unser Pfarrer kann nicht mehr predigen! Eine Halskrankheit hat ihm seine Stimme geraubt!" Und es stimmte tatsächlich. Philipp Friedrich Hiller, der seit knapp drei Jahren die geistliche Leitung innehatte, war nicht mehr bei Stimme. Er konnte nur noch krächzen und flüstern und war somit für den Kanzeldienst ungeeignet.

Nach einigen vergeblichen Linderungsversuchen wurde ein Vikar verpflichtet und Hiller beschränkte seine Tätigkeiten auf Besuche, seelsorgerliche und schriftstellerische Tätigkeiten. Innerlich ging diese einschränkende Krankheit ebenso wenig spurlos an ihm vorbei. Er, der so vertrauensvoll und glaubensstark von Jesus geredet hatte, bekam starke Glaubenszweifel.

Auch einige seiner Gemeindemitglieder hatten so ihre Zweifel daran, ob ihr Herr Pfarrer denn noch das Recht habe, im Amt zu bleiben. Jetzt, wo er doch nicht mehr predigen könne. Eine besonders skeptische Gruppe soll sogar beim zuständigen Dekan aktiv eine Amtsenthebung Hillers gefordert haben. Daran wird deutlich, dass in der damaligen Bevölkerung bestimmte Vorstellungen davon vorhanden waren, was ein Pfarrer zu tun hatte. Die erste Pflicht war nun einmal die Verkündigung, und wenn das nicht mehr funktionierte, dann musste ein Schnitt gemacht werden. Ich unterstelle den besorgten Gemeindemitgliedern nicht, dass sie einen persönlichen Groll gegen den heiseren Pfarrer hegten. Vielmehr passte der angeschlagene Mann nicht mehr in das Bild, das sie von einem geistlichen Leiter hatten.

Und das wiederum ist kein Phänomen früherer Zeiten, sondern steht sinnbildlich für viele gesellschaftliche Vorstellungen der heutigen Zeit. Auffassungen, die auch in christlichen Gemeinden vorhanden sind. Es gibt bestimmte Aufgaben, Haltungen und Fähigkeiten, die von Pastoren, Gemeindeleitern, Mitarbeitern, aber auch Gemeindemitgliedern erwartet werden. Solange sie erfüllt werden, ist alles in Ordnung. Aber wehe jemand weicht von der Norm ab, definiert eine Rolle anders, ob gewollt oder nicht, dann sind die Irritationen und manchmal auch Stress vorprogrammiert.

Dabei hat es der Gründer des christlichen Glaubens doch vorgemacht, wie man eine Rolle erfolgreich gegen jede Regel definieren kann. Oder haben Sie bei dem ersten Vers des Liedes *Jesus Christus herrscht als König* nicht zumindest einen kleinen Moment lang an einen Monarchen mit Krone auf einem Thron gedacht? Unter „König" stelle ich mir zumindest jemanden vor, der Wert auf einen großen Auftritt legt. Das war bei Jesus nun so gar nicht der Fall.

Schon allein der Gedanke, dass sich ein Gott, ein Herrscher, ein König vornimmt, seinen Geschöpfen nahe zu kommen, passt nicht so richtig in das gängige Bild eines Gebieters. Wenn ein König das vorhatte, dann inszenierte er seinen Auftritt beim gemeinen Volk wenigstens so, dass alle es auch mitbekamen. Jesus ist ein anderer König. Er begibt sich auf die gleiche Ebene wie seine „Untertanen". Ohne Extrawurst und Sonderbehandlung. Im Gegenteil, niedriger als zu Beginn seines Lebens als Mensch hätte er gar nicht anfangen können. Und es hat auch nur sehr wenige interessiert, dass da jetzt gerade ein Kind in einem Stall auf die Welt kam.

Trotzdem wurde Jesus schon kurz darauf als Konkurrenz angesehen. Der etablierte König Herodes ließ ihn gleich nach seiner Geburt suchen. Dabei hatte sich Jesus noch gar nicht geoutet. Und während seiner knapp dreißigjährigen Amtszeit als Erdenbürger handelte er eigentlich ständig anders, tat das Unerwartete.

Auch nach seiner Rückkehr in den Himmel ist Jesus ein besonderer Herrscher. Einer, der es seinen Untertanen manchmal nicht leicht macht, an ihn zu glauben. Aber wenn man sich auf ihn einlässt, seine königliche Lektüre studiert, Zeit mit ihm verbringt und versucht, diesen Glauben an etwas nicht Sichtbares zu leben, dann ist er zur Stelle. Und hält sich besonders zu denen, die ebenfalls nicht in die Norm passen, ausgestoßen werden und nicht zur Gesellschaft gehören. Überraschend und unerwartet.

Dazu passt auch das historisch nicht belegte Ende der Geschichte des halskranken Philipp Friedrich Hiller. Aber es ist einfach zu schön, um es zu verschweigen: Es wird erzählt, dass die aufgeregten Gemeindemitglieder auf dem Weg zum Dekan ein Dokument fanden, auf dem ein Liedtext geschrieben stand. Davon waren sie so angetan, dass sie dieses Schriftstück mitnahmen und dem Dekan unter die Nase hielten. „Wir wollen keinen unbegabten Pfarrer, der nicht mehr predigen kann", sagten sie. „Wir wollen jemanden, der so eine schöne Dichtkunst beherrscht."

Sie ahnen es vielleicht schon, aber wie es der Zufall wollte, stammte der Liedtext von ebendem stimmlosen Hiller. Als der Dekan die aufgebrachten Menschen über ihr Eigentor in Kenntnis setzte, versanken diese vor Scham im Boden. So weit die Geschichte.

Fakt ist, dass Hiller seine Stellung nicht verlor und weiterhin seinen Dienst tun konnte. Und durch seine Wortgewandtheit wurde und wird der längst verstorbene Pfarrer vielen Menschen zum Segen.

Auch wenn die Geschichte mit dem gefundenen Liedtext vielleicht erfunden ist: Sie taugt wunderbar als Gleichnis. Denn genauso hat Jesus in seiner Zeit auf der Erde besonders den frommen Menschen den Spiegel vorgehalten. Mit rhetorischem Geschick gelang es ihm immer wieder, die Pharisäer und Schriftgelehrten zu entlarven. Nicht aus böser Absicht, sondern um Ungerechtigkeiten aufzudecken und uns Menschen zum Nachdenken anzuregen: Welchem Herrscher dient ihr eigentlich? Dem Gesetz, der Tradition oder dem lebendigen Gott? Manchmal ist es ganz gut, einmal gegen die Norm zu verstoßen und anders zu sein. Aus Liebe zum König.

Jesus ist (will)kommen

Johann Ludwig Konrad Allendorf:
Jesus ist kommen, Grund ewiger Freude, 1736

Papier ist geduldig. Und Lieder sind es auch. Zumindest dann, wenn sie Sonntag für Sonntag halbherzig mitgebrummelt werden. Doch glauben Sie wirklich an das, was Sie da singen? Was ist, wenn das wirklich passiert, was Johann Ludwig Konrad Allendorf in dem Lied „Jesus ist kommen, Grund ewiger Freude" gedichtet hat?

1. Jesus ist kommen, Grund ewiger Freude;
   A und O, Anfang und Ende steht da.
   Gottheit und Menschheit vereinen sich beide;
   Schöpfer, wie kommst du uns Menschen so nah!
   Himmel und Erde, erzählet's den Heiden:
   Jesus ist kommen, Grund ewiger Freuden.

2. Jesus ist kommen, nun springen die Bande,
   Stricke des Todes, die reißen entzwei.
   Unser Durchbrecher ist nunmehr vorhanden;
   er, der Sohn Gottes, der machet recht frei,
   bringet zu Ehren aus Sünde und Schande;
   Jesus ist kommen, nun springen die Bande.

3. Jesus ist kommen, der starke Erlöser,
   bricht dem gewappneten Starken ins Haus,
   sprenget des Feindes befestigte Schlösser,
   führt die Gefangenen siegend heraus.
   Fühlst du den Stärkeren, Satan, du Böser?
   Jesus ist kommen, der starke Erlöser.

7. Jesus ist kommen, die Quelle der Gnaden:
   komme, wen dürstet, und trinke, wer will!
   Holet für euren so giftigen Schaden
   Gnade aus dieser unendlichen Füll!
   Hier kann das Herze sich laben und baden.
   Jesus ist kommen, die Quelle der Gnaden.

8. Jesus ist kommen, die Ursach zum Leben.
Hochgelobt sei der erbarmende Gott,
der uns den Ursprung des Segens gegeben;
dieser verschlinget Fluch, Jammer und Tod.
Selig, die ihm sich beständig ergeben!
Jesus ist kommen, die Ursach zum Leben.

9. Jesus ist kommen, sagt's aller Welt Enden.
Eilet, ach eilet zum Gnadenpanier!
Schwöret die Treue mit Herzen und Händen.
Sprechet: Wir leben und sterben mit dir.
Amen, o Jesu, du wollst uns vollenden.
Jesus ist kommen, sagt's aller Welt Enden.

Ich singe es oft: „Jesus, komm in mein Herz", oder: „Jesus, sei das Zentrum" oder „Schöpfer, wie kommst du uns Menschen so nah?" So oft, dass ich mir der Bedeutung dieser Worte gar nicht mehr bewusst bin.

Aber was ist, wenn Jesus wirklich vorbeikommt? Heute zum Beispiel. Einfach so. Um drei Uhr. Zum Kaffee. Nicht, um das Jüngste Gericht zu verkünden, sondern einfach nur, um zu schauen, wie es mir geht. Wie es mir wirklich geht! Ich habe das gedanklich einmal durchgespielt. Und zwar so richtig:

Jesus kündigt seinen Besuch an. Mein erster Impuls ist: „Herzlich willkommen, Jesus! Komm herein und bring Glanz in meine Hütte. Ich freue mich. Wirklich!"

Je näher der Zeitpunkt rückt, umso nervöser werde ich. Ich habe alles perfekt geplant. Ich führe ihn durch den Flur direkt ins Wohnzimmer. Dort steht der schöne alte Schrank, ein Erbstück. Und mein Bücherregal, aus dem ich die Comics herausgenommen und in dem ich stattdessen die Elberfelder Studienbibel schön prominent platziert habe.

Kuchen habe ich auch organisiert. Hoffentlich mag er Bienenstich. Außerdem habe ich eine Gesprächsthemenliste erstellt. Über was redet man mit Jesus? Wahrscheinlich herrscht allgemeine Sprachlosigkeit, wenn er in der Nähe ist, deshalb habe ich mich vorbereitet. Meine Bibelkenntnis hält sich zwar in Grenzen, aber das Wort seines Vaters kennt er ja selbst in- und auswendig. Ich werde einfach ein bisschen über mich plaudern. Über das, was ich so mache, kann und denke. Vielleicht interessiert er sich ja dafür.

14:59 Uhr. Es klingelt. Man, ist der pünktlich. Noch ein prüfender Blick in den Spiegel, dann öffne ich die Tür. Draußen steht Jesus. Ich spüre es sofort. Er lächelt. Ich bitte ihn herein und nehme ihm seine Jacke ab. Er bedankt sich höflich und lässt sich von mir ins Wohnzimmer führen. Wir sitzen uns gegenüber – ich habe ihm den Sessel mit Blick auf Bücherregal und Schrank zugewiesen –, trinken Kaffee und essen Bienenstich. Wir plaudern wirklich nett. Ich erzähle all das, was ich loswerden wollte. Über mich und über das, was ich gerne tue. Er lobt den Bienenstich, den alten Schrank und das gut sortierte Bücherregal. Die Zeit vergeht wie im Flug. Um 16:59 Uhr erhebt sich Jesus und sagt: „So, jetzt wird es aber Zeit."

„Super", denke ich. „Alles hat perfekt funktioniert. Jesus hat ein gutes Bild von mir bekommen und hat sich auch noch wohlgefühlt. Endlich konnte auch er einmal entspannen und musste nicht immer den Seelsorger spielen."

„Ja, dann danke für deinen Besuch", sage ich höflich. Er blickt mich erstaunt an. „Wieso bedankst du dich jetzt schon? Ich will doch noch gar nicht gehen."

Jetzt bin ich der, dem das Erstaunen ins Gesicht geschrieben steht. „Wie, äh ... nicht, aber du hast doch gesagt, es wird langsam Zeit ...", stammle ich vor mich hin.

„Ja, es wird Zeit, mit dir den Raum zu wechseln", sagt Jesus hocherfreut und geht direkt an mir vorbei die Treppe hoch.

„Oh nein", denke ich. „Der wird doch wohl nicht ..."

Doch, genau das tut er. Jesus steuert auf meine Rumpelkammer zu. Der einzige Raum, der wirklich immer verschlossen ist, wenn Besuch kommt. Denn dort herrscht das blanke Chaos. Dort lagere ich all die Dinge, die mein Besuch nicht sehen soll. Dort wimmelt es nur so von kaputten, alten und peinlichen Gegenständen.

Ich renne hinter Jesus her, aber es ist zu spät. Er ist schon mitten im Raum, hat das Licht eingeschaltet und setzt sich gerade auf meinen aufblasbaren Plastiksessel mit Plastikpalme an der rechten Lehne. Er sieht ziemlich zufrieden aus. Noch! Denn wenn er sich erst einmal genauer umgeschaut hat, wird er merken, dass die Atmosphäre hier doch deutlich unangenehmer ist. Peinlich berührt schaue ich zu Boden. „Willst du hier länger bleiben?", frage ich ihn.

„Warum nicht?", fragt er zurück und fischt sich eines meiner Comics von meinem alten Schreibtisch, der mit Stickern übersät ist. „Ich liebe diese Bildergeschichten", sagt er. „Warum hast du sie hier versteckt?"

Ich bin so überrascht, dass mir keine Antwort einfällt. Ich setze mich auf den Boden und schaue Jesus dabei zu, wie er in einem aufblasbaren Plastiksessel sitzt und Comics liest. Das muss man erst einmal verarbeiten. Nach einigen Minuten lässt er das Heftchen sinken, schaut mich an und sagt: „Daniel, die Zeit mit dir in deinem Wohnzimmer war wirklich nett, aber ich habe doch bemerkt, wie sehr du dich bemüht hast, besonders klug zu sein, gebildet zu wirken und dich von deiner besten Seite zu zeigen. Das versucht jeder am Anfang."

Niedergeschlagen blicke ich zu Boden. Na toll, ich bin wie jeder andere auch.

„Wenn ich vorbeikomme, ist diese Masche nicht notwendig. Bitte nicht falsch verstehen, ich freue mich über eine aufgeräumte Bude, guten Kaffee und leckeren Kuchen, aber irgendwann möchte ich mit dir dort Zeit verbringen, wo du sonst keinen anderen hineinlässt. Ein Besuch von mir unterscheidet sich von allen anderen Besuchen, die du sonst bekommst. Ich meine, ich merke doch, wenn du mir etwas vormachst. Da kann ich nichts für, ich bin Gottes Sohn. Ich interessiere mich für dein ganzes Leben, nicht nur für die Vorzeigezimmer. Und zwar nicht, weil ich dich bloßstellen möchte. Nein, niemand erfährt, was du in den Schubladen deines Schreibtisches aufbewahrst oder welches Geheimnis sich unter dem alten Teppich mit dem großen Brandloch verbirgt. Aber ich möchte, dass du wenigstens bei mir keine Angst haben musst, dass ich die falschen Zimmertüren in deinem Haus öffne. Ich möchte, dass du zur Ruhe kommst, wenn ich da bin. Okay?"

Dann steht Jesus auf, schnappt sich ein weiteres Comicheft, geht nach unten und zieht sich die Jacke an. „Das Comic leihe ich mir bis nächste Woche aus, ja? Ich komme wieder vorbei. Und falls es dann wieder Bienenstich gibt, bin ich nicht böse." Er grinst mich an und zieht die Tür hinter sich zu.

Mein gedanklicher Ausflug endet hier, aber in Erinnerung bleibt das Bild von Jesus im Plastiksessel. Denn das ist genau der Platz, den er in meinem Herzen einnimmt. Er ist der Einzige, der in die Räume schauen darf, die für alle anderen Menschen tabu sind. Weil er mit den kaputten, alten und peinlichen Erlebnissen und Gedanken umgehen kann. Und weil er mich nicht verrät.

Er ist auch da, wo ihn Johann Ludwig Konrad Allendorf hineingeschrieben hat. Er ist der Einzige, der mit meinen Dämonen und Flüchen kämpfen und sie besiegen kann. Er bringt Segen und Frieden. Ohne eine Gegenleistung zu erwarten. Er leiht sich höchstens einmal einen Comic aus.

Über Kopf betrachtet

Joachim Neander:
Lobe den Herren, den mächtigen König der Ehren,
1680

Manchmal hilft ein Perspektivwechsel im Leben. Er kann sinnvoll sein, um im gewohnten Ablauf Veränderungsmöglichkeiten aufzuspüren. Das Auto bleibt stehen und Sie gehen einfach mal zu Fuß zum Bäcker. Das führt dazu, dass sie unterwegs vielleicht Bekannte treffen oder ihre Umgebung bewusster wahrnehmen. Diese Perspektivwechsel sind auch im geistlichen Leben sinnvoll, nämlich immer dann, wenn sich eine gähnende Lethargie eingeschlichen hat. Wir probieren es einmal aus. Inspiriert hat mich das Lied „Lobe den Herren, den mächtigen König der Ehren" von Joachim Neander:

1. Lobe den Herren, den mächtigen König der Ehren,
lob ihn, o Seele, vereint mit den himmlischen Chören.
Kommet zuhauf,
Psalter und Harfe, wacht auf,
lasset den Lobgesang hören!

2. Lobe den Herren, der alles so herrlich regieret,
der dich auf Adelers Fittichen sicher geführet,
der dich erhält,
wie es dir selber gefällt;
hast du nicht dieses verspüret?

3. Lobe den Herren, der künstlich und fein dich bereitet,
der dir Gesundheit verliehen, dich freundlich geleitet.
In wie viel Not
hat nicht der gnädige Gott
über dir Flügel gebreitet!

4. Lobe den Herren, der sichtbar dein Leben gesegnet,
der aus dem Himmel mit Strömen der Liebe geregnet.
Denke daran,

was der Allmächtige kann,
der dir mit Liebe begegnet.

5. Lobe den Herren, was in mir ist, lobe den Namen.
Lob ihn mit allen, die seine Verheißung bekamen.
Er ist dein Licht,
Seele, vergiss es ja nicht.
Lob ihn in Ewigkeit. Amen!

Darf ich Sie zu einem Kopfstand einladen? Im übertragenen Sinn, versteht sich. Kennen Sie die Kopfstandanalyse? Das ist eine kreative Technik, mit der man die Perspektive verändert und zu neuen Ideen und Einstellungen gelangen soll. Dabei stellt man die Aufgabe, die man bearbeiten soll, oder die Handlungen, die man durchführen will, erst einmal völlig auf den Kopf. Im Fall des Liedes *Lobe den Herren, den mächtigen König der Ehren* ist die Aufgabe bereits im Titel enthalten: Gott loben. Ich fasse diese Aufgabenstellung jetzt weiter und entferne mich dabei ein bisschen von der reinen Begriffsbedeutung des Lobens, definiere das Gotteslob als meine komplette Beziehung zum Herrscher des Himmels und der Erden und frage: „Wie führt man eine gut funktionierende Beziehung mit Gott?" Vor allem vor dem Hintergrund, dass man Gott nicht sieht und er meistens über Umwege wie das Gebet, die Bibel, seine Schöpfung oder Ähnliches, aber nie von Angesicht zu Angesicht kommuniziert?

Dann kehre ich gemäß der Kopfstandanalyse die Aufgabe um und frage in die genau entgegengesetzte Richtung: „Was muss ich tun, damit meine Beziehung zu Gott vor die Wand fährt?" Innerhalb dieser Überlegungen merke ich, ob ich in meiner momentanen Beziehung zu Gott einigermaßen sinnvoll unterwegs bin. Durch den Umkehrschluss sozusagen.

Also, auf geht's, ab in den Kopfstand: Ein weißes Blatt Papier liegt vor mir und ich schreibe drauflos. Beziehungskiller Nummer eins sind falsche Erwartungen an den anderen! Das wäre bei mir und Gott die altbekannte „Wunschmaschine": Gebet sprechen, Amen-Knopf drücken und dann abwarten. Relativ zeitnah genervt mit den Augen rollen und denken: „Na toll, wieder ein Gebet mehr, das nicht erhört wurde."

Ein weiteres „No-Go" in Sachen Beziehungen ist das fehlende Interesse aneinander, was dann in Ehen des Öfteren mit „Wir haben uns auseinandergelebt" kommentiert wird. Gott wird auf einmal uninteressant, er lässt sich ja auch so selten sehen. Außerdem gibt es genug andere Dinge im Leben, die die ungeteilte Aufmerksamkeit erfordern, und so richtig modern ist die Beziehungspflege durch Bibellesen und Gebet ja nun auch nicht mehr.

Da schließt sich dann direkt die Überlegung Nummer drei an, wie eine Beziehung aus dem Ruder laufen kann: durch diverse Einflüsse von außen. In einer Liebesbeziehung sind das meistens die Mitmenschen, die mitunter nicht mit der Wahl des Partners einverstanden sind und versuchen, die Beziehung in irgendeiner Form zu torpedieren. In einer Gottesbeziehung läuft das mit den äußeren Einflüssen noch subtiler ab, denn Gott kann oder will sich nur selten gegen üble Nachrede wehren.

Und dann sind da noch die persönlichen Enttäuschungen, die Beziehungen beenden oder erschweren können. Lebensumstände, die man nicht beeinflussen kann und die man so nicht geplant hat. Schicksalsschläge, mit denen der Beziehungspartner noch nicht einmal direkt etwas zu tun haben muss, werden zu Trennungsgründen. Auch Gott wird eine Menge an Alltagsunglücken in die Schuhe geschoben. Selbst schuld, als Schöpfer bietet er natürlich die größte Angriffsfläche.

Es gibt noch viele andere Verhaltensweisen, die Beziehungen schleichend oder mit einem großen Knall zerstören können, aber mir reichen diese vier Gründe. Ich möchte nicht meinen kompletten Optimismus verlieren. Denn ich bin schon einigermaßen frustriert: Ich erkenne mich in fast allen der genannten Antworten wieder.

Vorsichtig gelange ich von meinem Kopfstand wieder in die normale Ausgangslage. Die Kopfstandanalyse hat funktioniert. Ich habe eine andere Perspektive eingenommen, aber bisher fühlt sich das noch nicht sehr hilfreich an. Wie kann ich nun frische Impulse für meine Gottesbeziehung bekommen? Ich schaue nachdenklich auf mein Blatt. Eigentlich müsste Gott jetzt dazuschreiben, wie er diese Beziehungshindernisse wahrnimmt. Aber nichts passiert. Und genau dieses leere Blatt führt zu einem Erkenntnisgewinn. Ich weiß nicht genau, wie Gott seine Beziehung mit mir definiert. Wie sollte ich auch, es handelt sich ja um jemandem, der meinen Horizont übersteigt. Klar, ich glaube auch an die Kraft des Gebets als Kommunikationsmittel, und ich glaube, dass Gott sich als liebender Vater mit unserem Schicksal auseinandersetzt, aber Gott ist immer noch Gott.

Und gerade diese Göttlichkeit bereitet mir Mühe, weil es eben nicht so vorhersehbar ist wie in einer menschlichen Beziehung. Das ist das Geheimnis des Glaubens. Ich richte mein Leben auf etwas aus, das ich weder sehen, hören noch riechen kann. Ich vertraue jemandem, der sich mir über Umwege offenbart. Diesen Glaubensakt, dass Gott oft so verborgen, aber trotzdem ganz nah ist, muss ich mir immer wieder neu vor Augen führen. Zum Beispiel durch das Beziehungshandbuch für Gottesbeziehungen, die Bibel. Die ist voll von Gott-Mensch-Beziehungsgeschichten. Gerade die Psalmen sind für mich sehr erhellend, denn hier kommen Menschen zu Wort, die ihre Beziehung mit Gott pflegen. Sie sprechen den Allmächtigen direkt an. Sie loben, sie klagen und sie bitten. Da wird ekstatisch gepriesen, aber auch kritisiert, denn das gehört ja auch zu einer funktionierenden Beziehung.

Und wenn man diese Sammlung von Liedern und Gedichten liest, wird deutlich, dass auch die Autoren der Psalmen so ihre Mühe damit hatten, Gott als Schöpfer anzubeten und trotzdem mitten im Alltag zu stehen. Deshalb passen diese Texte perfekt in meine Situation.

Zum Beispiel Psalm 139. Da steht in Vers 5: *„Du bist vor mir und hinter mir und legst deine schützende Hand auf mich."* Und in Vers 17: *„Aber wie schwer sind für mich, Gott, deine Gedanken! Wie ist ihre Summe so groß!"* (LUT). Perfekt auf den Punkt gebracht. Einerseits das grenzenlose Vertrauen und andererseits die Kapitulation vor der Größe Gottes. Und am Ende des Psalms der hoffnungsvolle Seufzer: *„Erforsche mich, Gott, und erkenne mein Herz, prüfe mich und erkenne meine Gedanken"* (Vers 23). Besser kann ich meine Beziehung zu Gott nicht formulieren. Muss ich auch nicht.

Gott hat uns Menschen im Blick, und selbst wenn wir alle Beziehungsfehler, die es gibt, aneinanderreihen und von dem Gotteslob in unserem Leben sehr wenig zu sehen ist, so gilt doch immer noch Gottes Zusage, dass er uns von allen Seiten umgibt. Wir brauchen nicht viel dafür tun und müssen doch alles geben. Denn das ist es, was die Psalmbeter so oft von mir unterscheidet. Sie sind auf der Suche nach Gott. Immer wieder neu. Ich spüre die Leidenschaft in ihren Worten. Die Sehnsucht nach der Gegenwart Gottes. Ich spüre ihren Zweifel und ihr Vertrauen. Sie sind authentisch. Und das ist es, was ich bei meiner Kopfstandanalyse eigentlich gesucht habe: Eine Beziehung zu

Gott braucht Echtheit. Nur so funktioniert sie. Egal, welche Kommunikationsmethoden ich wähle, und egal, wer mir da in welcher Form reinredet: Wenn ich Gott ehrlich sage, wie es mir geht und was ich empfinde, dann ist das ein Lob in seinem Ohr. Und er ist mir nahe, selbst wenn ich ihn nicht immer spüre. Vor allem dann, wenn die Welt mal wieder so richtig kopfsteht.

Happy End

Paul Gerhardt: Lobet den Herren alle, die ihn ehren, 1653

Paul Gerhardt hat sich in aller Ausführlichkeit mit dem Thema beschäftigt, welches in unserer Gesellschaft gerne ausgespart wird, bis es so weit ist: Es geht um das, was nach dem Leben auf dieser Erde mit uns passiert! Fast jedes seiner Lieder endet mit einem hoffnungsvollen Ausblick auf das Jenseits. Als Trost, Hoffnung und definiertes Ende. So auch die letzte Strophe des Liedes „Lobet den Herren alle, die ihn ehren":

1. Lobet den Herren alle, die ihn ehren;
   lasst uns mit Freuden seinem Namen singen
   und Preis und Dank zu seinem Altar bringen.
   Lobet den Herren!

2. Der unser Leben, das er uns gegeben,
   in dieser Nacht so väterlich bedecket
   und aus dem Schlaf uns fröhlich auferwecket:
   Lobet den Herren!

3. Dass unsre Sinnen wir noch brauchen können
   und Händ und Füße, Zung und Lippen regen,
   das haben wir zu danken seinem Segen.
   Lobet den Herren!

5. Gib, dass wir heute, Herr, durch dein Geleite
   auf unsern Wegen unverhindert gehen
   und überall in deiner Gnade stehen.
   Lobet den Herren!

8. Treib unsern Willen, dein Wort zu erfüllen;
   hilf uns gehorsam wirken deine Werke;
   und wo wir schwach sind, da gib du uns Stärke.
   Lobet den Herren!

10. Herr, du wirst kommen und all deine Frommen,
    die sich bekehren, gnädig dahin bringen,
    da alle Engel ewig, ewig singen:
    „Lobet den Herren!"

Die meisten guten Geschichten funktionieren nach dem System der Heldenreise. Große Epen wie „Der Herr der Ringe" folgen diesem Erfolg versprechenden Muster, aber auch die biblischen Geschichten sind so aufgebaut: Los geht es meistens mit „der gewohnten Welt des Mangels". Hier wird dem Helden der Geschichte erstmals bewusst, dass ihm irgendetwas fehlt, er nicht in seine Umgebung passt, und die Sehnsucht nach dem Abenteuer wird immer stärker. Bei Mose zum Beispiel: Als Prinz von Ägypten hat er alle Annehmlichkeiten, die er sich nur vorstellen kann. Allerdings spürt er, dass er nicht dazugehört, dass er anders ist. Besonders deutlich wird das, als einer seiner hebräischen Landsleute von dem ägyptischen Aufseher geschlagen wird, Mose rot sieht, den Aufseher erschlägt und fliehen muss (2. Mose 2,10-15).

Danach folgt der Ruf zum Abenteuer. Das übernimmt bei Mose Gott persönlich. Durch den brennenden Dornbusch wird er berufen. Schritt Nummer drei der Heldenreise ist die Verweigerung des Rufs. Auch hier passt die Story von Mose klassisch ins Bild. „Ich kann das nicht", ist Moses Antwort (2. Mose 3). Als Nächstes überredet ein Mentor den Protagonisten, sich doch auf das Abenteuer einzulassen. Auch diese Rolle nimmt Gott bei Mose ein (2. Mose 4,1-17). Und so kann die gesamte Heldenreise durchgespielt werden bis zum Schluss, an dem meistens ein Happy End folgt: Der Held kehrt zurück und wird bejubelt. Das ist im Fall von Mose allerdings etwas anders verlaufen (5. Mose 32,48-52) ...

Die Lieder von Paul Gerhardt folgen übrigens einem ganz ähnlichen Muster. Los geht es auch bei ihm in der gewohnten Welt. Er schreibt über die Dinge des Alltags. Im Fall des Liedes *Lobet den Herren alle, die ihn ehren* geht es um die überstandene Nacht und den neuen Morgen. Des Weiteren werden aktuelle Erlebnisse aus der damaligen Zeit untergebracht. In Strophe vier zum Beispiel findet sich der Dank dafür, vom Feuer verschont worden zu sein, was auf unschöne Erfahrungen während des Dreißigjährigen Krieges zurückgeführt werden könnte.

Am Ende seiner Lieder geht es bei Gerhardt auffallend oft um die

Ewigkeit. Für den Dichter ist klar, dass ein wahres Happy End der persönlichen Heldenreise nur bei Jesus möglich ist, und somit schwärmt er gekonnt lyrisch von einem Leben nach dem Tod in Gottes Ewigkeit.

Mit diesen deutlichen und detaillierten Aussagen ist er ein Kind seiner Zeit. Heutzutage denken wir nur ungern an unser Ende. Das kann ich gut verstehen, aber ab und zu finde ich es wichtig, einen Gedanken daran zu verschwenden.

Es ist schon interessant, wie spekulativ und nebulös die Phase unserer Zeit nach dem Tod daherkommt. Wen man im Jenseits wohl alles so wiedersieht? Ich würde mich ja gerne einmal mit Mose persönlich unterhalten. Und nachfragen, wie er sich gefühlt hat, nachdem Gott ihm eröffnet hat, dass er, der Leitwolf, das Gelobte Land gar nicht betreten darf. Auch an die Gestalten des Neuen Testaments hätte ich so einige Fragen.

Wie stellen Sie sich die Ewigkeit vor? Ich scheue mich ehrlich gesagt immer so ein bisschen vor konkreten Aussagen oder Wünschen, weil ich gedanklich und seelisch flexibel bleiben möchte. Außerdem kann ich rein vom Verstand her wenig mit einem ewigen Leben anfangen. Das überfordert mich kolossal. Deshalb bin ich auf die bildhaften Beschreibungen von Menschen wie Paul Gerhardt angewiesen. Dank solcher Lieder habe ich zumindest kein schlechtes Gewissen mehr, über diese Phase laut nachzudenken und einfach mal ein bisschen rumzuspinnen.

Aber wenn ich die zehnte Strophe von *Lobet den Herren alle, die ihn ehren* wörtlich nehme, dann wird es wohl eher langweilig. Die ewige „Lobet den Herren"-Schleife finde ich mäßig attraktiv, und so schaue ich einmal bei den anderen Liedern nach:

Die letzte Strophe von *Geh aus, mein Herz, und suche Freud* lautet: *„Erwähle mich zum Paradeis und lass mich bis zur letzten Reis an Leib und Seele grünen, so will ich dir und deiner Ehr allein und sonsten keinem mehr hier und dort ewig dienen, hier und dort ewig dienen."* Okay, damit kann ich mich schon eher anfreunden. *„Hier und dort ewig dienen"* klingt nach etwas mehr Abwechslung.

„Kreuz und Elende, das nimmt ein Ende; nach Meeresbrausen und Windessausen leuchtet der Sonnen gewünschtes Gesicht. Freude die Fülle und selige Stille wird mich erwarten im himmlischen Garten; dahin sind meine Gedanken gericht'." So heißt es in Strophe 12 des Liedes

Die güldne Sonne voll Freud und Wonne. Hier bleiben meine Gedanken beim Garten hängen, und das finde ich schön. Ich stelle ihn mir bunt vor, vielfältig und groß. Ein tolles Bild.

Das Ganze wird noch getoppt von der letzten Strophe des Liedes *Ich singe dir mit Herz und Mund: „Ei nun, so lass ihn ferner tun und red ihm nicht darein, so wirst du hier im Frieden ruhn und ewig fröhlich sein."* Damit kann ich gut leben.

Und doch verschwindet durch die klare Deutung von Paul Gerhardt das mitunter dunkle Geheimnis des ewigen Lebens nicht. Denn vorher erwartet uns alle etwas, was bei mir einen trockenen Hals verursacht, wenn ich darüber nachdenke. Der Tod hat wenig mit großen Gärten, Fröhlichsein und Lobgesang zu tun.

Da gefällt mir die biblische Variante der Heldenreise übrigens sehr gut, weil sie so realistisch ist. Auch wenn Mose mir es (noch) nicht persönlich bestätigt hat, so glaube ich doch, dass er ziemlich traurig und sauer war, dass er vor der Landnahme der Israeliten im gelobten Land sterben musste. Und ich verstehe nicht so ganz, warum Gott ihm dieses Erlebnis nicht gegönnt hat, wenn ich ehrlich bin.

Aber Gott war bei Mose, als er starb. Laut Bibel hat er Mose sogar persönlich begraben (5. Mose 34,6). Und dieses Bild möchte ich mir für den letzten Teil meiner irdischen Heldenreise mitnehmen: Am Tod kommt niemand vorbei, aber wir sind trotzdem nicht alleine. Gott ist selbst in dieser Extremsituation da. Das nimmt mir nicht die Angst, aber es trägt doch dazu bei, dass ich gemeinsam mit Paul Gerhardt auf ein Happy End hoffe.

Vielmals danke

Martin Rinckart: Nun danket alle Gott, 1636

Die Fußball WM 2014 bleibt untrennbar mit dem Lied „Ein Hoch auf uns" von Andreas Bourani verbunden. Mein Familienurlaub wurde im letzten Jahr vor allem von Rolf Zuckowskis Kinderliedern begleitet, und seitdem ich den Film „Forrest Gump" gesehen habe, verbinde ich mit bestimmten Klavierklängen immer diesen Film. Das Lied „Nun danket alle Gott" von Martin Rinckart wird ebenfalls mit einigen Ereignissen in Verbindung gebracht.

1. Nun danket alle Gott
mit Herzen, Mund und Händen,
der große Dinge tut
an uns und allen Enden,
der uns von Mutterleib
und Kindesbeinen an
unzählig viel zugut
bis hierher hat getan.

2. Der ewigreiche Gott
woll uns bei unserm Leben
ein immer fröhlich Herz
und edlen Frieden geben
und uns in seiner Gnad
erhalten fort und fort
und uns aus aller Not
erlösen hier und dort.

3. Lob, Ehr und Preis sei Gott
dem Vater und dem Sohne
und Gott dem Heilgen Geist
im höchsten Himmelsthrone,
ihm, dem dreiein'gen Gott,
wie es im Anfang war
und ist und bleiben wird
so jetzt und immerdar.

Meine Recherche nach Ereignissen, die mit dem Lied *Nun danket alle Gott* in Verbindung gebracht werden, ist kurz, aber ergiebig. Ich reiße nachfolgend nur die ersten drei an, um die Vielfältigkeit deutlich zu machen. Eines ist wenig schmeichelhaft, ein anderes bewegend und wieder ein anderes tragisch.

Das Lied wird zum Beispiel als „Choral von Leuthen" bezeichnet. Die preußische Armee besiegte im Winter 1757 die Österreicher in der Nähe dieses Ortes. 25 000 Soldaten sollen den Choral spontan angestimmt haben.

Etwas skurriler wird es mit der Verbindung des Chorals zu Freiherr von Münchhausens Ballade „Der Todesspieler" aus dem Jahre 1903. Hier ist ein Pfarrer durch eine ungewöhnliche Vortragsweise von *Nun danke alle Gott* dafür verantwortlich, dass seine Frau und zwei seiner Söhne ums Leben kommen.

Ein drittes Ereignis, mit dem das Lied verbunden wird, fällt in das Jahr 1955. Gerade sind die letzten deutschen Kriegsgefangenen aus der Sowjetunion zurückgekehrt, da wird *Nun danket alle Gott* gesungen.

Das sind jetzt mehr oder weniger große Beispiele der Geschichte. Aber anhand dieser historischen Ereignisse wird deutlich, was für eine große Anwendbarkeit das Lied im Speziellen und das Gotteslob im Allgemeinen hat.

Nehmen wir das erste Ereignis: Ein Krieg ist gerade zu Ende gegangen. Die Gewinner stimmen aus vollem Herzen ein Loblied an. Von den Verlierern wird niemand mitgesungen haben, wobei: Wahrscheinlich waren alle einfach froh, dass diese brutale Schlacht endlich vorbei war. Aber es liegt doch nah beieinander: Freud und Leid. Wie kann ich mit gutem Gewissen den Gott loben, der große Dinge in meinem Leben tut, während schon auf der anderen Straßenseite Menschen an mir vorbeigehen, denen das Schicksal gerade übel mitspielt? Oder darf ich einfach, ohne Rücksicht auf Verluste, die ganze Welt umarmen? Ich glaube Ja, und hier bitte ich sehr darum, meinen Übertrag auf den Alltag nicht zu sehr an dem Kriegsbeispiel festzumachen. Es kommt darauf an, wie ich meinem Lob und Dank Ausdruck verleihe. Manchmal wirkt das ja auch ansteckend.

Das tragische Balladenbeispiel, in dem gerade ein Loblied dazu führt, dass Menschen sterben, ist noch schwieriger zu übertragen. Da fällt mir wieder die Kopfstandmethode ein (siehe „Über Kopf betrachtet", S. 96) in der es darum geht, eine Aufgabenstellung auf dem Kopf stehend zu betrachten. Wie erreiche ich das Gegenteil von dem, was das Lied eigentlich ausdrücken soll? Indem ich genau diesen Choral für schlimme Ereignisse verantwortlich mache. Dramaturgisch gesehen ist das ein ganz großer Kunstgriff, allerdings mit einem faden Beigeschmack.

Das Lied selbst entstand in einer der fürchterlichsten Zeiten der Vergangenheit, im Dreißigjährigen Krieg. Dass Menschen in dieser Zeit überhaupt Muße hatten, Gott zu loben, macht deutlich, dass es mehr geben muss als irdisches Glück. Und ich merke, wie selten ich Gott für das irdische Glück danke, das ich erleben darf.

Die Verbindung des Liedes zu den Kriegsheimkehrern veranschaulicht die Ambivalenz, mit der wir Gott aufgrund unserer Umstände loben. Den Chor im Jahr 1955 hätte ich gerne gehört. Ob es ein froher, festlicher und weihevoller Gesang war, der die von Kriegsgefangenschaft gezeichneten Menschen in Empfang nahm? Oder eher ein zurückhaltendes, leises Singen, das die Leiden des Krieges noch im Hinterkopf hat und trotzdem hoffnungsvoll nach vorne schaut?

Neben diesen drei Beispielen gibt es bestimmt noch Tausende andere Ereignisse, mit denen das Lied in Verbindung gebracht werden kann. Vielleicht ist es der Grund dafür, dass eine alte Dame regelmäßig in den Gottesdienst geht, weil es für sie Heimat ist und sie denkt: „Danke, Gott, dass du mir durch dieses Lied Halt gibst." Oder genau diese Verse bringen für einen betagten Herrn die schönen Erinnerungen an seine verstorbene Frau zurück und er blickt dankbar auf eine lange und schöne Beziehung.

„Nun danket alle Gott – mit Herzen, Mund und Händen." Eine Ganzkörperlobesanweisung in Kurzform, mit der aber alles abgedeckt ist. Das geht bei mir nicht immer zeitgleich, aber ich versuche es zumindest immer wieder. Nicht nur, wenn ich das Lied höre, sondern auch zwischendurch. Heute zum Beispiel, während ich auf einer Zugfahrt diesen Text schreibe.

Auf der Hinfahrt sitzt mir ein älteres Paar gegenüber, vermutlich verheiratet. Sie sehen gut aus, genießen wahrscheinlich ihre Rente, und durch ihren Ausstieg am Düsseldorfer Flughafen nehme ich an, dass sie verreisen möchten. Das besonders Dankenswerte an ihnen finde ich ihren Umgang miteinander. Er macht einen Scherz auf ihre Kosten, streichelt ihr aber gleichzeitig liebevoll über den Arm. Sie boxt ihn spielerisch in die Seite und strahlt ihn an. Wow. Mein Dankbarkeitserlebnis der Hinfahrt: Beziehungen können so wunderschön sein.

Oder auf der Rückfahrt: Ich habe es gerade noch geschafft, mir einen Kaffee zu holen, haste auf den Bahnsteig, stelle den Kaffee kurz ab, um etwas in meiner Tasche zu verstauen. Zack, da kippt der Becher um und das schöne Getränk ergießt sich komplett auf Gleis 20. Mist. Da kommt auch schon der Zug. Im Abteil klappe ich den Laptop auf und möchte eigentlich weiterarbeiten, doch die Müdigkeit stellt sich ein. Der Kaffee fehlt. Ich raffe mich trotzdem auf. Kurze Zeit später geht die Abteiltür auf und ein netter Bahnangestellter schaut mit einem Tablett dampfender Kaffeebecher herein. Meine Rettung. Man muss sich das einmal vorstellen: Der Kaffee wird direkt im Abteil serviert. Klar ist der teurer als woanders, aber ich habe es in dem Augenblick als perfektes Timing erlebt und deshalb gerne etwas tiefer in die Tasche gegriffen. Mein Dankbarkeitserlebnis auf der Rückfahrt: Lebenselixier zur rechten Zeit. Da stört es mich komischerweise auch nicht so sehr, dass im nächsten Bahnhof die Stimme der Zugchefin ertönt, die uns mitteilt: „Wegen einer technischen Störung verzögert sich unsere Weiterfahrt auf unbestimmte Zeit."

Auch wenn meine Recherche nach Ereignissen, die unmittelbar mit dem Lied *Nun danket alle Gott* in Verbindung gebracht werden können, eher kurz verlaufen ist, die Suche nach Dankbarkeitserlebnissen in meinem Alltag landet definitiv mehr Treffer.

Neuanfang

Johann Mentzer: O dass ich tausend Zungen hätte, 1704

Es klingt unglaublich: Johann Mentzer, der Verfasser des Liedes „O dass ich tausend Zungen hätte", soll bei einem Brand seinen kompletten Besitz verloren haben. Und genau in dieser Situation, quasi auf den Trümmern seines Lebens sitzend, schreibt er ebendieses Loblied:

1. O dass ich tausend Zungen hätte
   und einen tausendfachen Mund,
   so stimmt ich damit um die Wette
   vom allertiefsten Herzensgrund
   ein Loblied nach dem andern an
   von dem, was Gott an mir getan.

2. O dass doch meine Stimme schallte
   bis dahin, wo die Sonne steht;
   o dass mein Blut mit Jauchzen wallte,
   solang es noch im Laufe geht;
   ach wär ein jeder Puls ein Dank
   und jeder Odem ein Gesang!

3. Ihr grünen Blätter in den Wäldern,
   bewegt und regt euch doch mit mir;
   ihr schwanken Gräslein in den Feldern,
   ihr Blumen, lasst doch eure Zier
   zu Gottes Ruhm belebet sein
   und stimmet lieblich mit mir ein.

4. Ach alles, alles, was ein Leben
   und einen Odem in sich hat,
   soll sich mir zum Gehilfen geben,
   denn mein Vermögen ist zu matt,
   die großen Wunder zu erhöhn,
   die allenthalben um mich stehn.

5. Wer überströmet mich mit Segen?
   Bist du es nicht, o reicher Gott?
   Wer schützet mich auf meinen Wegen?
   Du, du, o Herr Gott Zebaoth!
   Auch in der größesten Gefahr
   ward deines Trostes ich gewahr.

6. Ich will von deiner Güte singen,
   solange sich die Zunge regt;
   ich will dir Freudenopfer bringen,
   solange sich mein Herz bewegt;
   ja wenn der Mund wird kraftlos sein,
   so stimm ich doch mit Seufzen ein.

7. Ach nimm das arme Lob auf Erden,
   mein Gott, in allen Gnaden hin.
   Im Himmel soll es besser werden,
   wenn ich bei deinen Engeln bin.
   Da sing ich dir im höhern Chor
   viel Tausend Halleluja vor.

Alles ist eine Sache der Perspektive: Klar würde ich, direkt nachdem mein ganzes Hab und Gut in Flammen aufgegangen ist, kein Loblied anstimmen. Andererseits würde ich es möglicherweise doch tun, wenn meine Lieben und ich nur knapp selbst dem Feuer entronnen wären. Vielleicht ist Johann Mentzer damals gerade so mit dem Leben davongekommen und hat deshalb eine Ode an Gottes Größe und Güte gedichtet. Der gebürtige Oberlausitzer hat in seinem Leben so allerhand erlebt. 1658 geboren, studierte Mentzer in Wittenberg Theologie. Als Gemeindepfarrer betreute er drei Gemeinden und starb in Kemnitz bei Bernstadt in der Oberlausitz. Hier befindet sich auch sein Grab, auf dem eine kurze Biografie zu lesen ist:

„Denkmal weiland Herrn Johann Mentzer, welcher ordentlich berufener Seelenhirte war anno 1691 zu Merzdorf, 1693 zu Hauswalde, anno 1696 allhier zu Kemnitz; verheiratete sich erstens mit Jungfrau Eva Maria Meindeli, zweitens mit Jungfrau Anna Magdalena Ritzin, lebte in vergnügter Ehe mit der ersten

5 Jahre, 2 Monate, mit der zweiten 29 Jahre, 3 Monate, sahe den Segen von 13 Kindern und 7 Kindeskindern, von denen samt der ersten Mutter 12 ihm im Grabe und Himmel Gesellschaft leisten. Er beschloß sein kreuzvolles Leben, das ihm sonderlich zuletzt noch sauer gemacht wurde von den Feinden des Kreuzes Christi, an einem Steck- und Schlagflusse sehr erbaulich."

Als ich diese Worte zum ersten Mal las, musste ich fast ein wenig schmunzeln. Mit welcher Trockenheit hier ein Leben beschrieben wird, dessen Erlebnisse und Tragödien für fünf Leben gereicht hätten! Und es wird so selbstverständlich darüber geredet, dass er seine erste Frau begraben musste, 13 Kinder gezeugt hat, sieben Enkel hatte und er viele seiner Nachkommen überlebt hat. Was heute ungeheuerlich klingt, war damals an der Tagesordnung. Und trotzdem unterscheidet sich die Grabinschrift für mich. Es sind die schon fast humorvollen Darlegungen wie: „... lebte in vergnügter Ehe", „... im Grabe und Himmel Gesellschaft leisten" oder „Er beschloß sein kreuzvolles Leben, das ihm sonderlich zuletzt noch sauer gemacht wurde von den Feinden des Kreuzes Christi, [...] sehr erbaulich".

Wenn der Ton der dort geschriebenen Zeilen auch nur annähernd den Charakter des Pfarrers und Dichters wiedergibt, dann hätte ich ihn zum einen gerne kennengelernt, und zum anderen kann ich mich dann tatsächlich mit dem Gedanken anfreunden, dass Mentzer im Anblick der verkohlten Reste seiner irdischen Güter ein Loblied für Gott schrieb. Er hatte schließlich schon ganz andere Dinge erlebt.

Trotzdem ist mir noch nicht klar, warum so ein Mann seine eigene Zunge nicht ausreichend findet, um Gott zu loben, und sich dafür noch weitere 999 herbeisehnt. Ich forsche weiter nach überlieferten Aussagen von Johann Mentzer und werde fündig: „Ach, mein Gott, was tust du einen so schmerzlichen Herzensriss nach dem andern! Doch es sei auch dafür dein Name hochgelobet", trägt Mentzer einmal ins Sterberegister ein, nachdem er innerhalb von drei Wochen vier seiner Kinder beerdigen musste. Das ist schon eher eine Gefühlsbeschreibung, die ich nachvollziehen kann, auch wenn ich mir mit dem Lob noch etwas Zeit gelassen hätte. Aber vielleicht schaue ich doch zu sehr durch meine Brille, aus dem Blickwinkel des 21. Jahrhunderts. Heute würde eine Grabinschrift, auf der steht, dass ein Vater mit seiner Frau und seinen bereits verstorbenen Kindern eine gute Zeit im

Himmel haben wird, deutlich häufiger belächelt werden als damals. Warum eigentlich? Weil es nicht in unser aufgeklärtes und abgeklärtes Bild passt? Selbst wenn ich nicht genau weiß, was im Himmel passiert, kann es ein großer Trost sein, auf ein Wiedersehen zu hoffen.

Ich wünsche mir ein wenig von dieser Leichtigkeit im Glauben an das Jenseits. Und ich wünsche mir ein wenig von der Ernsthaftigkeit, der Treue und dem Vertrauen Mentzers, wenn es um seine Aktivitäten als Pastor ging. Nach seiner letzten Amtshandlung als Pfarrer, einer Taufe von zwei Jungen, schrieb er ins Taufbuch: „Dieser beiden Lämmer Taufe ist die letzte Amtsverrichtung des seligen Pastoris Mentzeri gewesen, welche er küsste und sagte: ‚Diese zwei Seelen will ich mit mir in den Himmel nehmen, und es soll sie kein Teufel entreißen, und nunmehr hab ich mein Amt vollführet.'"

Dieser Mann war mit Leib und Seele, entschuldigen Sie bitte die frömmelnde Formulierung, aber sie passt an dieser Stelle, ein Diener Gottes. Er hat an die Kraft des Evangeliums geglaubt. Er war fest davon überzeugt, dass das Leben mit dem Tod nicht zu Ende ist. Aus diesem Grund konnte ihm auch kein abgebranntes Haus den Mut und das Vertrauen zu Gott nehmen.

Ich wäre gerne in seine Gemeinde gegangen und hätte ihm zugehört. Denn wenn ein Pastor mit solcher Überzeugung tauft, dann hat er mit derselben Überzeugung getraut, gepredigt, seelsorgerliche Gespräche geführt und gedichtet. Die Gedichte sind zum Glück erhalten geblieben. Zum Beispiel *O dass ich tausend Zungen hätte*. Ich muss zugeben, dass dieses Lied dem, was ich jetzt über Johann Mentzer weiß, nicht ganz gerecht wird. Muss es auch nicht. Aber es macht Sinn, sich über diese alten Texte oder Klänge den Autoren zu nähern. Denn so werden Lieder lebendig, gewinnen an Bedeutung und bewegen mich im Alltag.

Was stimmt denn nun?

Philipp Spitta: O komm, du Geist der Wahrheit, 1833

Er lebte in einem Zeitalter voller Veränderungen und Fortschritten. Philipp Spitta (1801-1859) ist der Verfasser des Liedes „O komm, du Geist der Wahrheit". Im gleichen Jahrhundert wie er lebten Napoleon, Darwin, Marx, Heine und Goethe. Das Automobil wurde erfunden, ebenso Coca Cola, der Film und das Grammofon. Auch die Theologie wurde erneuert. Aber die war nun so gar nicht im Sinne des lutherischen Theologen Spitta, wie unschwer an seinem Text zu erkennen ist:

1. O komm, du Geist der Wahrheit,
   und kehre bei uns ein,
   verbreite Licht und Klarheit,
   verbanne Trug und Schein.
   Gieß aus dein heilig Feuer,
   rühr Herz und Lippen an,
   dass jeglicher getreuer
   den Herrn bekennen kann.

2. O du, den unser größter
   Regent uns zugesagt:
   Komm zu uns, werter Tröster,
   und mach uns unverzagt.
   Gib uns in dieser schlaffen
   und glaubensarmen Zeit
   die scharf geschliffnen Waffen
   der ersten Christenheit.

3. Unglaub und Torheit brüsten
   sich frecher jetzt als je;
   darum musst du uns rüsten
   mit Waffen aus der Höh.
   Du musst uns Kraft verleihen,
   Geduld und Glaubenstreu

und musst uns ganz befreien
von aller Menschenscheu.

4. Es gilt ein frei Geständnis
in dieser unsrer Zeit,
ein offenes Bekenntnis
bei allem Widerstreit,
trotz aller Feinde Toben,
trotz allem Heidentum
zu preisen und zu loben
das Evangelium.

7. Du Heilger Geist, bereite
ein Pfingstfest nah und fern;
mit deiner Kraft begleite
das Zeugnis von dem Herrn.
O öffne du die Herzen
der Welt und uns den Mund,
dass wir in Freud und Schmerzen
das Heil ihr machen kund.

Der Historiker Jürgen Ostermann betitelt sein Buch über das 19. Jahrhundert mit „Die Verwandlung der Welt", und das ist nicht übertrieben. Es gab in diesen hundert Jahren in ganz Europa und vor allem in Deutschland einen Wahnsinnsentwicklungsschub in allen Bereichen. Kenner von Kunst, Kultur, Forschung, Wissenschaft, Philosophie und Theologie überschütteten die Menschheit mit neuen Ideen, Erkenntnissen, Erfindungen und (Kunst-)Werken. Und von vielen dieser Neuerungen profitieren wir heute noch.

Das elektrische Licht zum Beispiel entstand in der Zeit, auch das Telefon und die Fotografie. Aber wo Licht ist, da ist auch Schatten. Das 19. Jahrhundert war ebenso ein Zeitalter voller Kriege, Unterdrückung und Leid. Die Erfindung der Pistole steht sinnbildlich für die Grausamkeiten, zu denen auch oder vor allem aufgeklärte Menschen fähig sind. Feldherr Napoleon eroberte am Anfang des Jahrhunderts große Teile Europas, bevor er 1815 endgültig besiegt wurde. Viele Menschen flüchteten aus Europa, weil sie politisch verfolgt wurden oder einfach nicht genug zu essen hatten.

Und mittendrin veränderte sich das theologische Verständnis: Der Vernunftglaube der Wissenschaft hielt auch in der Theologie Einzug und belächelte an vielen Stellen die bibeltreuen Auslegungen. Mitten in all dem dichtete und verkündigte Philipp Spitta, der seine Lehre als Uhrmacher abbrach, um in Göttingen Theologie zu studieren. Spitta war ein hochbegabter Mensch, der nicht nur hervorragend mit Sprache umgehen konnte, sondern auch als Musiker glänzte. Er war beliebt bei seinen Kommilitonen, hatte Kontakt zu schriftstellerischen Größen wie Heinrich Heine und merkte immer mehr: Theologie war seine Berufung, weil der Glaube an Gott für ihn ein wichtiger Lebensinhalt war. Doch er bekam auch den faden Beigeschmack einer aufgeklärten Welt zu spüren, in der zumindest eine bestimmte Bevölkerungsschicht den Neuerungen zwar aufgeschlossen gegenüberstand, Andersdenkenden aber doch eher skeptisch und unbarmherzig gegenübertrat.

Und so soll Spitta in seinem theologischen Examen mit einem süffisanten Unterton die Frage gestellt worden sein, ob er nicht zu sehr die Liebe zu Christus hervorhebe und nicht zu stark Jesus als Gottes Sohn verehre. Durch seine Herzensfrömmigkeit wurde Spitta auch andernorts kritisch beäugt. In dieser Phase dichtete er die Verse des Liedes *O komm, du Geist der Wahrheit*. Seine letzte Stelle, die des Superintendenten in Burgdorf, zeigt aber, dass Spitta kein theologischer Einzelgänger war.

Im Zusammenspiel von Biografie und Lied drängt sich mir immer mehr die Frage nach der Wahrheit auf. Was ist denn nun wahr oder wer hat jetzt recht? Was machte es den Menschen von damals so schwer, Jesus in den Mittelpunkt zu stellen, und was machte es Spitta so unmöglich, die wissenschaftlichen Erkenntnisse in seinen Glauben an Jesus zu integrieren? Textzeilen wie „… *glaubensarmen Zeit*", „*Unglaube und Torheit*" oder „*Heidentum*" berichten von einer unüberbrückbaren Differenz, die Spitta nur aushalten konnte, indem er den Heiligen Geist bat, „einzukehren".

Eine sprachliche Besonderheit hat mich dabei überrascht: Er schreibt nicht „O komm, du Geist der Wahrheit, und kehre bei denen, die da nicht so glauben wie ich, ein", sondern „… kehre bei *uns* ein". Er bezieht sich mit ein. Das finde ich beachtlich. Ich hoffe zumindest, dass er diese Wortwahl bewusst getroffen hat. Denn damit ist er gedanklich nicht auf der Linie: „Ich habe recht und die anderen haben unrecht." Er hat eine eigene Meinung, einen festen Glauben und möchte diesen immer wieder prüfen lassen. Nicht von sich selbst, sondern von dem Einzigen, der es wirklich kann: vom Geist der Wahrheit! Das ist zunächst eine recht nebulöse Beschreibung, denn ein Geist kann ja alles sein. Wenn man allerdings davon ausgeht, dass Spittas Lied ein Pfingstlied ist, dann ist anzunehmen, dass er den Geist der Dreifaltigkeit, also den Heiligen Geist, als Maßstab nimmt. Das finde ich erst einmal eine sehr kluge Art und Weise, um Antworten auf geistliche Fragen zu bekommen.

Und auch wenn aus den nachfolgenden Strophen ganz klar hervorschimmert, für welche Art des Glaubens Spittas Herz schlägt, so beinhaltet der erste Vers des Liedes doch einen zentralen Gedanken, dem ich noch etwas genauer nachgehen möchte.

Denn wie kehrt der Heilige Geist bei uns ein? Und wenn er da ist, wie verbreitet er genau Licht und Klarheit? Durch Gedankenübertragung, Gefühle oder Zeichen von außen? Ich zumindest werde so überflutet von äußeren Reizen und in meinem Kopf schwirren so viele Gedanken umher, dass ich mir eine Einteilung in „Das war jetzt vom Heiligen Geist" und „Das war jetzt Daniels Wunschdenken" nicht immer so eindeutig zutraue. Das hat nichts mit Kleinglauben zu tun. Ich denke schon, dass ein allmächtiger Gott Zugangswege zu uns findet, doch er manipuliert uns nicht oder flößt uns irgendwelche Gedanken ein.

Ich glaube, dass wir als Gottes Geschöpfe selbst Entscheidungen treffen, Zusammenhänge erkennen, Sachverhalte verarbeiten und uns auf diese Weise dann eine Meinung bilden können. Und die fällt unterschiedlich aus, die darf unterschiedlich ausfallen, denn wir Menschen sind individuell. Das ist übrigens auch eine Idee von Gott gewesen. Und dabei geht es um alle Menschen, nicht nur um Christen oder religiöse Leute. In Bezug auf den christlichen Glauben kann das bedeuten, dass der Geist der Wahrheit bei unterschiedlichen Menschen zu unterschiedlichen Ergebnissen kommt. Das heißt nicht, dass einer richtigliegt und der andere falsch. Das bedeutet einzig, dass der Heilige Geist vielschichtig aufgestellt ist und damit die Botschaft Gottes so transportieren kann, dass wir damit klarkommen.

Das war schon in der Bibel so: Thomas, der Zweifler, durfte die Wunden Jesu berühren, weil er sonst nicht glauben konnte, dass der Allmächtige vor ihm stand (Johannes 20,24-29). Andere Jünger haben sofort gecheckt, dass Jesus von den Toten auferstanden ist. Das zeigt mir: Zweifel, quere Gedanken und Anfragen sind für Gott gar kein Problem. Das Einzige, was er sofort bemerkt, ist, ob sich jemand wirklich mit dem Thema auseinandersetzt oder einfach nur andere in die Pfanne hauen möchte.

Von Philipp Spittas ersten Textzeilen lerne ich, dass es einerseits gut ist, eine eigene Meinung zu haben und diese auch mutig und selbstbewusst vertreten zu können. Andererseits darf diese Überzeugung niemals dazu führen, dass wir auf Menschen mit anderen Meinungen von oben herabschauen. Denn wenn einer das Recht dazu hätte, dann wäre das der Geist der Wahrheit, Jesus oder Gott persönlich. Weil er die Wahrheit kennt. Und der tut gerade das nicht.

Zwischen den Zeilen

Unbekannt: Schönster Herr Jesu, 1677

Die ungeklärte Herkunft des Liedes „Schönster Herr Jesu" lädt förm- lich zu Spekulationen ein. Hat sich jemand für seine Zeilen geschämt? Hat der Verfasser oder die Verfasserin einfach nur vergessen, seine Signatur unter die Strophen zu setzen? Oder wurde der Text selbst vergessen, achtlos liegen gelassen und dann zufällig gefunden? Immer das, was unklar ist, fordert die Fantasie geradezu heraus. So wurde ich auch durch eine, auf den ersten Blick unbedeutend klingende, Textpas- sage dieses Liedes inspiriert.

1. Schönster Herr Jesu, Herrscher aller Enden, Gottes und Marien Sohn,
   dich will ich lieben, dich will ich ehren, du meiner Seele Freud und Kron.

2. Schön sind die Felder, schön sind die Wälder in der schönen Frühlingszeit;
   Jesus ist schöner, Jesus ist reiner, der unser traurig Herz erfreut.

3. Schön leucht die Sonne, schön leucht der Monde und die Sternlein allzumal.
   Jesus leucht schöner, Jesus leucht reiner als alle Engel im Himmelssaal.

4. Schön sind die Blumen, schön sind die Menschen in der frischen Jugendzeit;
   sie müssen sterben, müssen verderben, doch Jesus lebt in Ewigkeit.

5. Alle die Schönheit Himmels und der Erden ist verfasst in dir allein.
   Nichts soll mir werden lieber auf Erden als du, der schönste Jesus mein.

Ihr Name fällt mir direkt auf, denn sie ist selten Bestandteil der Lieder, die ich im Gottesdienst singe. Endlich kommt sie auch einmal mit ins Spiel. Und sie wird sogar in einem Atemzug mit Gott persönlich genannt. *„Schönster Herr Jesu, Herrscher aller Enden, Gottes und Marien Sohn."* Die Herkunft Jesu wird beschrieben und Maria, die Mutter Gottes, wird im ersten Vers namentlich erwähnt. Zu hohen Feiertagen wird sie manchmal noch genannt, aber ansonsten fristet sie in der evangelischen Kirche und den Freikirchen eher ein Schattendasein. Ihr Mann Josef übrigens auch. Der wird zwar ein paar Mal aufgezählt, aber ansonsten ist er nicht sehr präsent. Im Verhältnis zu dem, was sie geleistet haben, ist das wenig.

Dabei haben Maria und Josef ein sehr bewegtes Leben geführt und hatten einen hohen Anteil daran, dass Jesus der Inhalt und Mittelpunkt vieler Lieder und vieler menschlicher Leben wurde. Gemeinsam haben sie ihn anvertraut bekommen und seine Geburt feiern wir an Weihnachten. Doch für das Paar wird die Geschichte erst nach dem Fest so richtig brisant: Die Weisen waren kaum weg, da tauchte ein Engel auf und warnte Josef. Folgender Wortlaut ist da überliefert: *Nachdem die Sterndeuter gegangen waren, erschien Josef im Traum ein Engel des Herrn. „Steh auf und flieh mit dem Kind und seiner Mutter nach Ägypten", sagte der Engel. „Bleib dort, bis ich dir sage, dass ihr zurückkehren könnt, denn Herodes will das Kind umbringen"* (Matthäus 2,13).

Bei so einer Ansage wird man blitzschnell aus der schönen Weihnachtsstimmung geholt und landet auf dem Boden der Tatsachen. Der König Herodes hat spitzgekriegt, dass da ein König geboren worden sein soll. Er wittert Konkurrenz und Jesus muss mit seinen Eltern fliehen. Maria und Josef halten sich an die Aufforderung und machen sich mit Jesus aus dem Staub. Direkt aus dem Stall mitten ins Exil.

Ein ungeplanter Neuanfang. Irgendwann kommt dann die Nachricht von Gott: *„So, ihr könnt wieder zurückkehren."* Und so geht es nach Galiläa. Ab dann verliert sich die Spur von Jesus in den Überlieferungen ein bisschen. Da steht nur: *„Dort wuchs Jesus heran und wurde groß und kräftig"* (Lukas 2,40).

Schwupps, und dann war er zwölf Jahre alt und ging mit seinen Eltern in den Tempel. Ich frage mich: Was ist in der Zwischenzeit passiert? Wie haben sie die Jahre nach der Geburt ihres Sohnes, des Sohnes Gottes, erlebt? Wie sind sie in den Alltag gestartet nach den ganzen Besuchen von Hirten, Weisen, Engeln und Co.?

Ich vermute: genauso wie wir auch! Mit ganz normalen Alltagsfreuden und -sorgen! Ich stelle mir vor, dass Josef ordentlich geschwitzt hat auf der Flucht nach Ägypten. Dass er sich das ein oder andere Mal ängstlich umgesehen hat nach eventuellen Soldaten des Königs Herodes. Ebenso glaube ich, dass Maria und Josef stolz wie Oskar waren, als Jesus das erste Wort gesprochen oder den ersten Schritt gemacht hat. Vielleicht haben sie ihm versonnen nachgeblickt, als er das erste Mal alleine mit seinen Freunden zum Spielen gegangen ist.

Und dann ist da ja noch die Sache mit der Besonderheit von Jesus. Auch das wirft Fragen auf: Wie sind sie eigentlich mit dem Wissen umgegangen, dass der kleine Jesus der Weltenretter wird beziehungsweise ist? Da hatten es Maria und Josef schon schwieriger als ich. In meiner Beziehung mit dem allmächtigen Gott ist er ja immer der Starke, derjenige, dem ich mein Herz ausschütten kann, dem nichts zu viel wird und der selbst gesagt hat: *„Kommt alle her zu mir, die ihr müde seid und schwere Lasten tragt, ich will euch Ruhe schenken"* (Matthäus 11,28). Aber Maria und Josef waren ja verantwortlich für den kleinen Jesus. Sorgen gemacht haben sie sich um ihren Sohn in jedem Fall. Das wird anhand der Geschichte deutlich, als Jesus im Tempel eigene Wege geht und von Maria gesucht wird (Lukas 2,41-48). Ich kann mir vorstellen, wie die besorgte Mutter durch die Hallen irrt und dann einen Schrecken bekommt, als sie ihren Sohn inmitten der Lehrbeauftragten für den jüdischen Glauben sitzen sieht. Erleichterung und Ärger werden sich abgewechselt haben. Denn die Aussage *„Dein Vater und ich waren in schrecklicher Sorge"* (Lukas 2,48) ist damals wie heute der oft gebrauchte Versuch von Eltern, um verschlüsselt zu transportieren, dass das Kind sich hätte abmelden sollen. Aber die Freude darüber, dass er oder sie wieder da ist, überwiegt. Doch die Antwort von Jesus unterscheidet sich zu 99,99 Prozent von den sonst üblichen Antworten. Anstatt: „Ja, ja, beim nächsten Mal melde ich mich ab", oder: „Immer wollt ihr mich kontrollieren", kommt ein deutliches und fast schon belehrendes *„Ihr hättet doch wissen müssen, dass ich im Haus meines Vaters bin"* (Lukas 2,49). Nur noch einmal zur Orientierung: Jesus war zwölf Jahre alt!

In diesem Moment der mütterlichen Gefühlswallungen wird bei Maria noch einmal der Groschen gefallen sein: „Ach ja, da war ja was. Jesus ist ja gar kein normaler Junge. Der ist ja Gottes Sohn. O mein Gott, was hast du uns da nur für ein Schicksal aufgebürdet?"

Die biblische Überlieferung von Jesu Wirken setzt auch erst da wieder konkret ein, als Jesus seine Eltern in die Schranken weist. Sehr schade, dass für die vorherigen und nachfolgenden Jahre nur so wenig von Jesus berichtet wird. Einerseits ist es schon ein komischer Gedanke, dass Jesus auch die Trotzphase des Kleinkindes durchmachen musste oder die Pubertät. Andererseits finde ich es eine extrem schöne Vorstellung, dass sich Gott ganz in die Abhängigkeit von Menschen gegeben hat. Er war auf den behutsamen und liebevollen Umgang seiner Eltern mit ihm angewiesen, die ihm Wertschätzung, Liebe und Förderung entgegenbrachten.

Und so empfinde ich meine Beziehung zu Gott auch. Klar, er ist der Starke und Souveräne, und nur weil er selbst einmal sprechen lernen musste und nicht sofort laufen konnte, büßt er nichts von seinem Status als Erlöser ein. Aber die Beziehung zu Jesus bedarf auch von meiner Seite aus Wertschätzung, Liebe und Förderung. Sie ist etwas Zerbrechliches, Kostbares und ich möchte auf sie achtgeben. Mein Leben lang.

Die Art und Weise der Beziehung verändert sich im Laufe der Jahre. Das ist bei einer Eltern-Kind-Beziehung nicht anders. Doch bis zum Lebensende, und hoffentlich auch darüber hinaus, bleiben wir verbunden. Und ich wünsche mir, dass ich bis dahin aus tiefem Herzen „*Dich will ich lieben, dich will ich ehren, du meiner Seele Freud und Kron*" mitbeten kann. Mit meinen Worten und mit meinem Leben. Mal in Dur und mal in Moll. Mal langsam und mal schnell. Mal stumm und mal laut.

Was man zwischen den Zeilen eines Liedes so alles finden kann …

Eine Künstlerin
vor dem Herrn

Fanny Crosby: Seligstes Wissen: Jesus ist mein!,
1873

Diese Dame ist zwar fast 95 Jahre alt geworden, aber die hat sie auch gebraucht: Frances Jane van Alstyne, genannt Fanny Crosby, lebte von 1820 bis 1915 in den USA und hat dort und weltweit unheimlich viele und tiefe Spuren hinterlassen. Auch lyrische, wie beispielsweise in dem Lied „Seligstes Wissen: Jesus ist mein!":

1. Seligstes Wissen: Jesus ist mein!
   Köstlichen Frieden bringt es mir ein.
   Leben von oben, ewiges Heil,
   völlige Sühnung ward mir zuteil.

   > Refrain:
   > Lasst mich's erzählen, Jesus zur Ehr;
   > wo ist ein Heiland, größer als er?
   > Wer kann so segnen, wer so erfreun?
   > Keiner als Jesus! Preis ihm allein!

2. Ihm will ich leben, o welche Freud!
   Herrliche Gaben Jesus mir beut:
   Göttliche Leitung, Schutz in Gefahr,
   Sieg über Sünde reicht er mir dar.

3. Völlig sein Eigen! Nichts such ich mehr;
   Jesus, er stillet all mein Begehr.
   Treu will ich dienen ihm immerdar,
   bis ich gelang zur oberen Schar.

Auch bei ihr bietet sich der tragische Einstieg durch ihre Biografie an: Die kleine Fanny verlor früh ihren Vater. Außerdem erkrankte sie im

Alter von sechs Wochen an … Aber halt! Nein! Das wird der Dame nicht gerecht. Das müssen wir anders lösen.

Wenn Fanny Crosby heute leben würde, dann hätte sie in ihrem Handy die Nummern einiger der mächtigsten Männer der Welt gespeichert. Sie war nämlich mit mehreren Präsidenten der Vereinigten Staaten befreundet.

Weiterhin hätte sie eine Künstlerseite bei facebook und garantiert Millionen Follower bei Twitter. Als Verfasserin von 1000 Gedichten und 8000 Liedern war sie damals eine der bekanntesten Frauen der Vereinigten Staaten.

Außerdem würde sie den Vorsitz für diverse Frauenrechtsbewegungen angeboten bekommen. Denn Fanny Crosby war die allererste Frau, die öffentlich vor dem US-Senat sprechen durfte.

Und nicht zuletzt würde sie mit sozialen Ehrungen überhäuft. Denn sie setzte sich sehr für die Rechte von Menschen mit Behinderungen ein.

Kurzum: Fanny Crosby war eine Frau des öffentlichen Lebens. Schon damals. Bekannt geworden ist sie durch ihre geistlichen Texte wie *Seligstes Wissen: Jesus ist mein!*.

Mit 38 Jahren heiratete Fanny Crosby den blinden Musiker Alexander van Alstyne. Sie bekamen ein Kind, welches aber kurz nach der Geburt verstarb. Den Schmerz und die Trauer hat sie öffentlich gemacht. Ich kann mir vorstellen, dass diese schlimme Tragödie … Halt! Nein! Auch hier biege ich dieses Mal nicht auf die tragische Schiene ab, denn das wäre dem, was ich von der Powerfrau gelesen habe, nicht angemessen.

Kümmern wir uns lieber um ihre Dichtkunst: Fanny Crosby hat frei heraus das gedichtet, was ihr wichtig war. Und da kam Jesus ziemlich häufig vor. Sie hat ihn sozusagen vereinnahmt. „Jesus ist mein" kann man durchaus als einen Absolutheitsanspruch bezeichnen. Ein schöner Satz, der zum Nachdenken anregt. Wenn ich Jesus als mein Eigentum betrachten würde, dann käme ich in Versuchung, mir mit ihm einen Vorteil zu verschaffen und möglichst vielen zu zeigen, dass ich Jesus habe und sie nicht. Ätsch! Denn so ist das mit kostbarem Eigentum: Es ist nur wirklich kostbar, wenn es wenige Leute haben. Mit diesen Gedanken befinde ich mich allerdings ganz schön auf dem Holzweg, das merke ich direkt. Denn so hat das Fanny Crosby garantiert nicht gemeint. Sie spricht zwar im kompletten Text nur von der Beziehung zwischen Jesus und ihr, aber als elitäre Künstlerin, die Wert auf Exklusivität und alleinige Aufmerksamkeit legte, kann man sie nun wirklich nicht bezeichnen.

Mich beeindrucken eher die Klarheit und Schlichtheit ihrer Texte. Das ist jetzt relativ positiv ausgedrückt, denn als ich mir ihre Zeilen so durchlas und dann auf ihren Promifaktor schaute, dachte ich: „Schöne, frische Texte. Die reine poetische Lyrik ist das zwar nicht, aber vielleicht liegt es ja an der Übersetzung." Und dann las ich, wie Crosby mit der durchaus öfter vorkommenden Kritik an der Schlichtheit ihrer Texte umgegangen ist. Sie antwortete darauf, dass sie doch für normale und einfache Menschen schreibe, die ihr im Leben begegneten. Als ich das las, freute ich mich direkt, denn, wenn ich ehrlich bin, verstehe ich solche Texte à la Crosby viel besser als so manche Schachtelsätze großer Dichtkunst.

Es geht Fanny Crosby darum, ihre tiefe Vertrautheit mit und ihr Vertrauen in Jesus zum Ausdruck zu bringen. Von den 8000 Liedern wird sie so einige nur für sich selbst geschrieben haben und damit jedoch Tausenden von Menschen aus der Seele gesprochen oder Tausende von Menschen angesprochen haben.

Im Lied *Seligstes Wissen: Jesus ist mein!* schimmert Fanny Crosbys Intention und damit ihre Künstlerpersönlichkeit durch. Es kann somit sogar als kleiner Ratgeber für eine erfolgreiche Künstlerkarriere fungieren.

Erfolgsgeheimnis Nummer 1: Wenn ein Künstler von etwas überzeugt ist, dann fällt es ihm viel leichter, das auch in Worte zu fassen, in eine Form zu gießen oder vorzutanzen. Gleichzeitig hat er mehr Spaß dabei. Egal, ob das andere als schlechte Lyrik oder Selbstdarstellung bezeichnen: Es geht um ihn und um sein Herz.

Bei Fanny Crosby wird das im Refrain des Liedes deutlich: *„Lasst mich's erzählen, Jesus zur Ehr; wo ist ein Heiland, größer als er? Wer kann so segnen, wer so erfreun? Keiner als Jesus! Preis ihm allein!"* Sie muss davon erzählen. Wahrscheinlich war ihr auch völlig egal, wer da vor ihr saß. Egal ob Präsident, Kongressabgeordneter oder Nachbarin von gegenüber. Das ist auch Erfolgsgeheimnis Nummer 2: Versuche, dich nicht zu verbiegen. Denn das geht früher oder später schief. Diplomatie ist mitunter wichtig, Kompromisse muss man wahrscheinlich zwischendurch einmal eingehen, aber es ist Gift, wenn ein Künstler seine Überzeugungen über Bord wirft, bloß weil der nächste Karriereschritt winkt oder der aktuelle Gesprächspartner „wichtig für die Leiter nach oben" sein könnte.

„*Völlig sein Eigen! Nichts such ich mehr; Jesus, er stillet all mein Begehr. Treu will ich dienen ihm immerdar, bis ich gelang zur oberen Schar.*" So lautet die letzte Strophe des Liedes. Hier verbirgt sich Geheimnis Nummer 3 eines wahren Erfolgskünstlers: Sei zufrieden mit dem, was du hast! Ehrgeiz ist wichtig und das Arbeiten an eigenen Stärken und Schwächen auch, aber schiele nicht immer auf die anderen, die scheinbar größer sind als du oder heller strahlen. Fanny Crosby war zufrieden. Als Allererstes, weil sie Jesus kennengelernt hatte. Das war ihr Schatz und ihr Schlüssel zu einem glücklichen Leben. Wahrscheinlich hat es sie aber auch nicht gestört, dass sie eine sensationell erfolgreiche, bekannte und beliebte Frau war.

Klar hätte man in dieser kleinen Betrachtung des Lebens einer Künstlerin viele tragische Momente mit einflechten können, aber das ist nicht das, was von dieser Frau bleiben soll. Sie war zufrieden, gesegnet und ein Vorbild für so manche Frau, ach, was sage ich, für so manchen Menschen in ihrem und in unserem Jahrhundert. Und genauso muss dieses Kapitel enden.

Ach, hatte ich eigentlich erwähnt, dass Fanny Crosby als kleines Baby erblindete und zeit ihres Lebens nichts sah? Nein? Macht nichts. Denn das hätte keinen Unterschied gemacht.

Von einer Stillen im Lande

Julie Katharina von Hausmann:
So nimm denn meine Hände, 1862

Das Lied „So nimm denn meine Hände" sollte eigentlich gar nicht veröffentlicht werden. Die Autorin selbst wollte es nicht. Julie Katharina von Hausmann fand das, was sie geschrieben hatte, nicht gut. Sie nannte ihre Verse „schwach und unvollkommen". Und genauso fühlte sie sich selbst auch. Die deutsch-baltische Dichterin fand sich nicht hübsch und war oft kränklich. Dass ihr Liedtext im Jahre 1862 dann doch den Weg in die Öffentlichkeit fand, ist einer Freundin und einem Berliner Theologen zu verdanken. Und dass „So nimm denn meine Hände" nach über 150 Jahren immer noch weltberühmt ist, liegt an der Aussagekraft der Verse:

1. So nimm denn meine Hände
und führe mich
bis an mein selig Ende
und ewiglich.
Ich mag allein nicht gehen,
nicht einen Schritt:
Wo du wirst gehn und stehen,
da nimm mich mit.

2. In dein Erbarmen hülle
mein schwaches Herz
und mach es gänzlich stille
in Freud und Schmerz.
Lass ruhn zu deinen Füßen
dein armes Kind:
Es will die Augen schließen
und glauben blind.

3. Wenn ich auch gleich nichts fühle
von deiner Macht,
du führst mich doch zum Ziele
auch durch die Nacht:
So nimm denn meine Hände
und führe mich
bis an mein selig Ende
und ewiglich!

Olga von Karp ärgert sich maßlos über ihre Freundin. Deshalb verlässt sie den Raum und knallt die Tür hinter sich zu. „Wie kann man nur so stur sein!?" Gerade eben hat ihre gute und sehr begabte Freundin Julie Hausmann wieder einmal betont, dass kein einziger Vers, den sie verfasst, jemals den Weg in die Öffentlichkeit finden wird. „Du hast mich schon so oft gefragt, liebe Freundin. Doch selbst wenn du mich jeden Tag bitten würdest, meine Antwort lautet immer: Nein! Meine Verse sind schwach und unvollkommen. Du bist sowieso der einzige Mensch, der meine Aufzeichnungen lesen darf." Das waren ihre Worte. Olga von Karp kann wieder nur enttäuscht den Kopf schütteln. Im Gegensatz zu ihrer Freundin ist sie sich sicher, dass deren Dichtkunst vielen Leuten gefallen würde.

Mit gesenktem Kopf und über die Worte ihrer Freundin grübelnd macht sich Olga von Karp auf den Nachhauseweg. Doch schon nach wenigen Schritten kommt ihr eine Idee. „Wer sagt denn, dass ich die Einzige bleiben muss, die dich um eine Veröffentlichung bittet, meine liebe Freundin?", sagt sie leise zu sich selbst, und ein Lächeln huscht über ihre Lippen.

Vielleicht begann so die Geschichte des Liedes *So nimm denn meine Hände*. Historisch belegt ist jedenfalls die Tatsache, dass Olga von Karp den zur damaligen Zeit sehr bekannten Dichter und Theologen Gustav Knak über das Talent ihrer Freundin informierte. Dieser zeigte sich sehr beeindruckt und bat Julie Hausmann um die Erlaubnis, ihre Lieder und Gedichte veröffentlichen zu dürfen. Diese willigte schließlich ein, aber sie verbot Knak, ihren Namen zu nennen. Außerdem schrieb sie ihm: „Und sollte auch nur ein Herz durch diese schwachen, unvollkommenen Lieder erfreut werden, so wäre das ja eine Gnade, deren ich nimmer werth bin, für die ich wieder singen und loben wollte mein Leben lang."

Aus dem erhofften einen Herzen wurden unzählige. 1862 erschien der Sammelband „Maiblumen – Lieder einer Stillen im Lande". Der Inhalt berührte die Menschen so sehr, dass die Texte von Julie Hausmann 1865 bereits in der dritten Auflage erschienen. Besonders das Gedicht *So nimm denn meine Hände* traf den Nerv der Leserinnen und Leser der damaligen Zeit. Bis heute ist es weltberühmt. Eine Geschichte mit Happy End. Unzählige Menschen wurden und werden von den Versen Hausmanns zu der Melodie von Friedrich Silcher ermutigt und ergriffen.

Ich finde alleine die Verbreitungsgeschichte des Liedes phänomenal. Es wäre doch sehr langweilig, ja, beinahe trostlos, wenn die berühmten Werke der damaligen Zeit nur mit Namen wie Heinrich Heine, Theodor Fontane oder Theodor Storm gekennzeichnet wären. Julie Hausmann, die sich selbst eher als graue Maus sah, versetzte der Musiker- und Dichterbranche einen wichtigen Farbklecks. Das hatte sie nicht geplant. Dankbar war sie trotzdem. Und den Adressaten ihrer Dankbarkeit benannte sie ziemlich genau. Hausmann wird folgendermaßen zitiert:

„Wenn ich zurückblicke auf meine durchlaufene Lebensbahn, kann ich nicht anders als des Herrn Weisheit und barmherzige Führung loben und preisen! Da er mir irdischen Besitz und ein liebliches Äußeres versagt und mir Kränklichkeit als eine Mitgabe verliehen hat, musste ich die Freuden der Welt entbehren, und sie hatten auch keine Anziehungskraft für mich, denn ich war dadurch, dass ich mein inneres Leben und meine Liedergabe pflegen durfte, reichlich entschädigt."

Ich schließe mich ihrer Meinung an und finde: Das ist typisch Gott. Denn was Hausmann als „des Herrn Weisheit" und „barmherzige Führung" bezeichnet, nenne ich ein einmaliges Prinzip, das zeigt: Qualität setzt sich durch. Es kommt auf Inhalte und nicht einzig auf die äußere Verpackung an. Gottes Taktik war schon immer: „Diejenigen, die keiner so richtig auf dem Zettel hat, kommen bei mir ganz groß raus." Das war bei Abraham, Mose oder Petrus nicht anders.

So unsicher Julie Hausmann in ihrem äußeren Auftreten auch war, so treffsicher und selbstbewusst war sie doch in ihrer Wortwahl. Sie schreibt: *„Wenn ich auch gleich nichts fühle von deiner Macht ..."* Es gehört schon eine ordentliche Portion Aufrichtigkeit dazu, sich einzugestehen, dass eine Beziehung zwischen Gott und Mensch auch Durststrecken beinhaltet und dass Glaubende nicht von Schicksalsschlägen ausgenommen sind. Ebenso zeugt es von einem tiefen Vertrauen, direkt im zweiten Teil des Verses mit „… *du führst mich doch zum Ziele auch durch die Nacht"* fortzufahren.

Zweifel und kindliches Vertrauen. Ein schwaches Herz und ein fester Glaube. Genau wegen dieser Gegensätze lasse ich mich auf das Lied ein, nehme es ernst und fühle mich verstanden. Zweifel gehören zum Glauben und dürfen zugelassen werden. Nur weil ich mir nicht alles erklären kann, heißt das noch lange nicht, dass ich nicht doch glaube. Im Gegenteil: Manchmal ist es genau das, was mich in Extremsituationen durchhalten lässt: „*So nimm denn meine Hände und führe mich bis an mein selig Ende und ewiglich.*"

In ihrem vom Vernunftglauben geprägten Umfeld fiel Julie Hausmann mit ihrer Sichtweise geradezu aus dem Rahmen. Sie spricht jenen Menschen aus dem Herzen, die vielleicht ähnlich fühlen, aber nie gelernt haben, solchen Gefühlen Worte zu verleihen. Sie vereinnahmt nicht, sondern sie erzählt von sich. Persönlich, ehrlich und behutsam.

Warum Julie Hausmann den Text von *So nimm denn meine Hände* überhaupt geschrieben hat, ist nicht ganz klar. Eine tragische Liebesgeschichte ist nicht bestätigt, wird aber immer wieder als möglicher Entstehungshintergrund angeführt. Julie Hausmann sei mit einem Missionar in Afrika verlobt gewesen. Dieser sei allerdings früh verstorben. Zur Verarbeitung des Schmerzes soll die Dichterin daraufhin den Liedtext geschrieben haben.

Auch wenn ich den genauen Hintergrund der Entstehung nicht kenne, für mich ist dieser Text ein wahrer Schatz. „Schwach und unvollkommen", so hat Julie Hausmann ihre Verse bezeichnet. Wie gut, dass ihre Freundin Olga von Karp und der Berliner Theologe Gustav Knak ihr nicht geglaubt haben.

Der Übersetzer

Anne Steele: Solang mein Jesus lebt, 1760

Ich bewundere sie. Sie stehen selten im Rampenlicht, sind aber immens wichtig. Übersetzer sorgen dafür, dass wir Bestseller wie „Der Herr der Ringe", „Stolz und Vorurteil" oder „Illuminati" auf Deutsch lesen oder als Film schauen können. Und deshalb kümmere ich mich im Zusammenhang mit dem Lied „Solang mein Jesus lebt" eher um die, die fremdsprachige Texte übersetzen. Anne Steeles Verse „While My Redeemer's Near" wurden von Ernst Heinrich Gebhardt ins Deutsche übertragen:

1. Solang mein Jesus lebt
   und seine Kraft mich hebt,
   muss Furcht und Sorge von mir fliehn,
   mein Herz in Lieb erglühn.

2. Er ist ein guter Hirt,
   der treu sein Schäflein führt.
   Er weidet mich auf grüner Au,
   tränkt mich mit Himmelstau.

3. Wenn sich die Sonn verhüllt,
   der Löwe um mich brüllt,
   so weiß ich auch in finstrer Nacht,
   dass Jesus mich bewacht.

4. Und glitte je mein Fuß,
   brächt mir die Welt Verdruss,
   so eilt ich schnell zu Jesu Herz,
   der heilte meinen Schmerz.

5. Drum blick ich nur auf ihn,
   o seliger Gewinn!
   Mein Jesus liebt mich ganz gewiss,
   das ist mein Paradies.

Da steht er nun auf der Kanzel, der berühmte Pastor aus dem Partnerland. Aber leider ist sein Deutsch nicht gut genug für einen Vortrag. Dafür spricht er ein brillantes Englisch – das wiederum zählt nicht zu den Stärken einiger Gottesdienstbesucher. Da hätte man doch auch vorher drauf kommen können! Mist! Und jetzt? Zum Glück gibt es Marion W. Sie arbeitet als Dolmetscherin und Übersetzerin und ist heute zufällig im Gottesdienst zu Gast. Also, ab auf die Bühne, und dank der guten Übersetzung kommen die klugen Gedanken des Predigers nun auch richtig an.

Übersetzter sind wichtig. Gerade dann, wenn es um internationale Kommunikation geht. Ohne die Arbeit von unzähligen Übersetzerinnen und Übersetzern würden die Hollywoodfilme immer in Originalsprache gezeigt, und das würde mich nicht so häufig ins Kino locken.

Ohne Übersetzer würden viele Kirchenlieder zwar gesungen, aber nicht ordentlich verstanden. Zum Glück gibt und gab es Menschen wie Ernst Heinrich Gebhardt. Der hat dafür gesorgt, dass so manches geistliche Lied aus dem englischsprachigen Raum bei uns Fuß fassen konnte. Gelebt hat er von 1823 bis 1894, einer Zeit, in der in der deutschen Bevölkerung noch nicht so viel Wert darauf gelegt wurde, Englisch als erste Fremdsprache zu erlernen.

Gebhardt war breit aufgestellt. Er studierte Land- und Forstwirtschaft sowie Chemie und Pharmazie, um sich dann, nach einem Auslandsaufenthalt, doch in einem methodistischen Predigerseminar der Theologie zu widmen. Er reiste umher, wirkte als Evangelist und fiel besonders auf, weil er zu den diversen Bibelstunden und Gottesdiensten ein tragbares Harmonium mit sich herumschleppte. Denn Ernst Heinrich Gebhardt war auch musikalisch bewandert und als „singender Evangelist" bekannt und beliebt. Ein Tausendsassa, der nebenbei noch eine christliche Organisation zur Selbsthilfe bei Suchtkrankheiten gründet hat, Redakteur einer Kirchenzeitung war und gemeinsam mit seiner Frau neun Kinder großzog.

Außerdem muss er eine außerordentliche Sprachbegabung besessen haben, denn sonst hätte er nicht so erfolgreich als Übersetzer von Liedern arbeiten können. Neben *Solang mein Jesus lebt* ist er auch für die deutsche Fassung von Joseph Scrivens *What a Friend We Have in Jesus*, also *Welch ein Freund ist unser Jesus*, verantwortlich.

Ohne mich jetzt zu sehr in den Gegebenheiten, Kniffen und Besonderheiten von Übersetzungen zu verlieren (da würde ich auch nur mit

Halbwissen glänzen), kann man sagen, dass bei dieser Tätigkeit eine gewisse Sorgfalt vonnöten ist. Sonst kann es peinlich werden. Das Internet ist voll von Fotos, auf denen Touristen ihre Schnappschüsse mit lustigen Übersetzungsfehlern, die sie in ihrem Urlaubsland entdecken, veröffentlichen. Da wird „Livemusik" gerne mal mit „lebender Musik" übersetzt oder ein „Fruit Shake" als „Fruchterschütterung" angepriesen.

Das mag witzig sein, bei einem ernsthaften Anliegen ist es aber eher nicht von Vorteil. Deshalb ist es ratsam, dass der Übersetzer einschätzen kann, wie der Autor oder die Autorin so tickt. Außerdem muss man mit dem Thema vertraut sein. Urkundenübersetzer gehören zum Beispiel in die allererste Liga der Übersetzer. Sie übersetzen Dokumente wie Verträge, die von Fremd- und Fachwörtern nur so wimmeln und bei denen man wirklich jedes Wort auf die Goldwaage legen muss, ins Deutsche. Ich bekomme ja schon bei einem stinknormalen, auf Deutsch verfassten Handyvertrag meine Probleme ...

Auch die biblischen Übersetzer waren und sind übrigens Meister ihres Fachs: Die verschiedenen Schriften, die in der Summe unsere heutige Bibel ergeben, wurden mühsam übersetzt, damit wir sie heute vor uns haben. Nicht unbedeutend dabei ist gerade für uns ein gewisser Herr Luther, der besonders viel Schweiß dareininvestiert hat, dass möglichst viele deutschsprachige Menschen in der Heiligen Schrift lesen können. Ich finde es faszinierend, was für eine weite Reise diese Bücher, Lieder, Briefe und Geschichten hinter sich haben.

Aber auch innerhalb der Bibel gibt es einige Übersetzer, die anderen Menschen Gottes Wort verständlich gemacht haben. Philippus ist so ein Beispiel. Der wurde in eine verlassene Gegend geschickt, stand dann einsam in der Wüste herum und wusste gar nicht, warum. Bis ein Reisewagen am Horizont Staub aufwirbelte. Der gehörte zu einem ranghohen Beamten der äthiopischen Königin. Der Finanzminister persönlich reiste durchs Land und las, warum auch immer, im Buch des Propheten Jesaja.

Philippus spürte den Impuls, den sogenannten „Kämmerer aus dem Morgenland" quasi im Vorbeifahren zu fragen: „Hey, sag mal, verstehst du eigentlich das, was du liest?"

Der Mann antwortete: „Wie soll ich das denn verstehen? Mir erklärt es ja keiner."

Dann bat er Philippus, aufzusteigen und mitzufahren. Auf der

Fahrt erklärte Philippus dem Beamten die Sache mit Jesus ganz genau und so überzeugend, dass sich der Finanzminister bei einem kurzen Zwischenstopp direkt taufen ließ.

Was für ein Übersetzer! Dabei geht es ja gar nicht immer um Fremdsprachen, die es so genau wie möglich zu übersetzen gilt. Nein, der Beamte war intelligent, konnte die Worte allem Anschein nach lesen und trotzdem blieb ihm der Sinn verborgen. Weil er sich bisher nicht damit beschäftigt hatte. Deshalb benötigte er jemanden, der es ihm in anderen Worten, für seine Kultur und sein Lebensumfeld erklärte.

Auch Gott selbst hat mit einem Übersetzer gearbeitet, könnte man sagen. An Weihnachten kam er als Baby auf diese Welt. Und Jesus hat zu seinen Lebzeiten definitiv so einiges zu übersetzen gehabt. Dabei hat er Worte benutzt, aber vor allem durch sein Leben selbst wurden die Menschen in das Geheimnis Gottes eingeweiht. Die einen haben sich diese Übersetzung von Gott zu Herzen genommen, anderen war es komplett egal und wieder andere haben die menschgewordene Übersetzung Gottes als Feindbild Nummer 1 angesehen. Denn seine Übersetzung war so verblüffend einfach, ja fast banal, vielleicht auch naiv: So wie ich Gott durch Jesus und die biblischen Autoren und Übersetzer verstanden habe, geht es um Liebe. Um die Liebe, die er uns als Schöpfer, als Mensch, als Erlöser und als Tröster nahe bringen möchte.

Und die Bibel ist seine Liebeserklärung an uns. Eine echte Liebeserklärung, die manchmal Mühe macht, manchmal nervt, manchmal zum Loben einlädt, zum Nachdenken, Weinen oder Lachen. Aber eine Liebeserklärung, die immer das transportiert, was Anne Steele in der letzten Strophe so wunderbar gedichtet und was Ernst Gebhardt so treffend übersetzt hat: *„Drum blick ich nur auf ihn, o seliger Gewinn! Mein Jesus liebt mich ganz gewiss, das ist mein Paradies."*

Alle für Einen

Christian Gottlob Barth (1827),
Christian David (1741),
Johann Christian Nehring (1704),
Otto Riethmüller (1932): Sonne der Gerechtigkeit

Da schreiben drei Männer, die alle auf den Namen Christian hören, unabhängig voneinander geistliche Texte. Und über hundert Jahre später, 1932, flickt ein Mann mit dem Namen Otto diese Texte so gekonnt zusammen, dass das Lied „Sonne der Gerechtigkeit" entsteht, welches bis heute im Evangelischen Gesangbuch unter dem Stichwort „Ökumene" zu finden ist und eine große Bedeutung hat.

1. Sonne der Gerechtigkeit,
   gehe auf zu unsrer Zeit;
   brich in deiner Kirche an,
   dass die Welt es sehen kann.
   Erbarm dich, Herr.

2. Weck die tote Christenheit
   aus dem Schlaf der Sicherheit,
   dass sie deine Stimme hört,
   sich zu deinem Wort bekehrt.
   Erbarm dich, Herr.

3. Schaue die Zertrennung an,
   der sonst niemand wehren kann;
   sammle, großer Menschenhirt,
   alles, was sich hat verirrt.
   Erbarm dich, Herr.

4. Tu der Völker Türen auf;
   deines Himmelreiches Lauf
   hemme keine List noch Macht.
   Schaffe Licht in dunkler Nacht.
   Erbarm dich, Herr.

5. Gib den Boten Kraft und Mut,
Glauben, Hoffnung, Liebesglut,
und lass reiche Frucht aufgehn,
wo sie unter Tränen sä'n.
Erbarm dich, Herr.

6. Lass uns deine Herrlichkeit
sehen auch in dieser Zeit
und mit unsrer kleinen Kraft
suchen, was den Frieden schafft.
Erbarm dich, Herr.

7. Lass uns eins sein, Jesu Christ,
wie du mit dem Vater bist,
in dir bleiben allezeit,
heute wie in Ewigkeit.
Erbarm dich, Herr.

8. Kraft, Lob, Ehr und Herrlichkeit
sei dem Höchsten allezeit,
der, wie er ist drei in ein,
uns in ihm lässt eines sein.
Erbarm dich, Herr.

Drei Männer – ein Lied. Die textliche Gestaltung von *Sonne der Gerechtigkeit* geht auf den Einfallsreichtum zweier Pfarrer und eines Missionars zurück: Johann Christian Nehring, Christian David und Christian Gottlob Barth schrieben die verschiedenen Strophen. Das hat schon etwas Geheimnisvolles, denn keiner von ihnen wusste, dass aus ihren drei Gedichten irgendwann einmal ein Lied geformt werden würde.

Schuld daran ist Otto Riethmüller (1889–1938), ebenfalls ein Pfarrer und Mitglied der Bekennenden Kirche im Dritten Reich. Er hat dieses Lied gekonnt zusammengestellt und um die Passage „*Erbarm dich, Herr*" ergänzt. Beeindruckend, dass die Verse des Liedes so einträchtig beieinanderstehen, denn die drei Texter haben einen völlig unterschiedlichen Hintergrund. Und doch verschmelzen ihre Niederschriften zu einem Lied, in dem es vor Aufforderungen nur so wimmelt.

Die Appelle sind an den Gott gerichtet, der die drei Gottesmänner verbindet, allein schon durch ihren Namen. Christian bedeutet „Anhänger Christi", und als anhänglich kann man die Wünsche der drei Namensvetter auch bezeichnen. Als wenn sie hinter Gott stehen und ihm ständig abwechselnd auf die Schulter tippen würden: „Weck ...!", „Schaue ...!", „Tu ...!", „Gib ...!", „Lass ...!"

Alle drei wollen eigentlich das Gleiche, obwohl sie sich nicht abgesprochen haben. Und die Botschaft ist angekommen. Otto Riethmüller hat die Sehnsüchte der drei Herren erkannt und vereint.

Sie wünschen sich einen geistlichen Aufbruch, bitten um Mut, Kraft, Gebetserhörung und um eine feste Beziehung zu Jesus. Dieser unbeabsichtigte und vehemente Schulterschluss der drei Männer erinnert mich an einen Vers, den ich normalerweise nur im Zusammenhang mit Hochzeiten kenne, nämlich Prediger 4,12: *„Ein Einzelner kann leicht von hinten angegriffen und niedergeschlagen werden; zwei, die zusammenhalten, wehren den Überfall ab. Und: Ein dreifaches Seil kann man kaum zerreißen."*

Das bedeutet doch: Je mehr Leute sich zusammentun, umso stärker sind sie und umso besser werden sie gehört. Was wäre, wenn jemand jetzt in diesem Moment alle unsere Sehnsüchte sortieren, zusammenfassen und vor Gott bringen würde? Und wenn dabei herauskommen würde, dass Menschen, die eine völlig unterschiedliche Herangehensweise an den christlichen Glauben haben, dasselbe möchten und eigentlich für die gleiche Sache kämpfen?

Christen, die aufgrund ihres Amtes, ihrer Überzeugungen oder Traditionen ungern miteinander in Verbindung gebracht werden und lieber nicht gleicher Meinung sind, stehen zusammen, ohne es zu wissen. Das würde bedeuten, dass anders geartete Frömmigkeitsstile gar keine so großen Gräben verursachen und unterschiedlich ausgelegte Bibelstellen doch nicht nur trennen. Ungleiche ethische Grenzziehungen würden zwar weiterhin einen Unterschied machen, aber trotzdem nicht dazu führen, dass keinerlei Verbindungen mehr bestehen.

Ich möchte mit diesen Überlegungen nicht krampfhaft verschiedene Sichtweisen glattbügeln und harmonisieren, denn wir Menschen sind unterschiedlich. Aus diesem Grund haben wahrscheinlich so einige Frömmigkeitsstile ihre Berechtigung. Aber ohne vermessen klingen zu wollen: Ich glaube, für Gott persönlich sind diese verschiedenen Prägungen nicht so wichtig. Denn wenn ich davon ausgehe, dass er in unsere Herzen schauen kann, dann sieht er über unsere Prägung, unseren Stolz und unsere Bräuche hinweg bis zum Kern. Und bei vielen Menschen wird er auf die Strophe Nummer 7 des Liedes *Sonne der Gerechtigkeit* stoßen: „*Lass uns eins sein, Jesu Christ, wie du mit dem Vater bist, in dir bleiben allezeit, heute wie in Ewigkeit. Erbarm dich, Herr.*" Denn es geht um die Gemeinschaft mit Christus. Der Glaube an Gott ist nichts Exklusives. Er ist auch nicht aufgeteilt in bestimmte Bereiche oder Religionsgemeinschaften, sondern die Essenz des christlichen Glaubens kann man herunterbrechen auf die ursprüngliche Bedeutung des Namens „Christian": Anhänger Christi.

Und als dieser Anhänger schaue ich mir an, wie Jesus gelebt hat und was er gesagt hat. Wie er mit Menschen umgegangen ist und wie Menschen mit ihm umgegangen sind. Wenn ich mir die biblischen Überlieferungen aus diesem Blickwinkel ansehe, dann werden so manche persönlichen Befindlichkeiten zweitrangig, einzelne Traditionen überflüssig und manche Überzeugungen bedenkenswert.

Sterndeuten

Cornelius Friedrich Adolf Krummacher:
Stern, auf den ich schaue, 1857

Ein Blick hinauf zu ihnen, und es ist um uns geschehen – ein sternen-klarer Himmel in einer lauen Sommernacht weckt Sehnsüchte und bewirkt ein gutes Gefühl. Sterne sind ein Symbol für Träume und Erfolg. Sie werden in ihrer Funktion als Symbol aber manchmal auch missbraucht. Insgesamt tragen Sterne dazu bei, dass wir an etwas glauben, das unseren Horizont übersteigt.

1. Stern, auf den ich schaue,
   Fels, auf dem ich steh,
   Führer, dem ich traue,
   Stab, an dem ich geh,
   Brot, von dem ich lebe,
   Quell, an dem ich ruh,
   Ziel, das ich erstrebe,
   alles, Herr, bist du.

2. Ohne dich, wo käme
   Kraft und Mut mir her?
   Ohne dich, wer nähme
   meine Bürde, wer?
   Ohne dich, zerstieben
   würden mir im Nu
   Glauben, Hoffen, Lieben,
   alles, Herr, bist du.

3. Drum so will ich wallen
   meinen Pfad dahin,
   bis die Glocken schallen
   und daheim ich bin.
   Dann mit neuem Klingen
   jauchz ich froh dir zu:
   Nichts hab ich zu bringen,
   alles, Herr, bist du!

Im Sommer 2014 hat Deutschland den vierten Stern geholt. Seitdem zieren vier der goldenen Himmelskörper das Trikot unserer Fußballnationalmannschaft. Die Jagd nach dem vierten Stern bei der WM in Brasilien wurde kommerziell ausgeschlachtet, gerade weil dieses Symbol so viele Emotionen weckt. Ein Stern steht für Erfolg.

Anhand von Sternen wird die Qualität von Hotels und Restaurants bewertet. Voller Stolz präsentieren Gastronomiebetriebe schon am Eingang ihre Errungenschaften. Ein Stern steht für Qualität.

Sternschnuppen, die uns zu geheimen Wünschen auffordern, sind ein immer wieder faszinierendes Schauspiel, obwohl da streng genommen „nur" Meteore verglühen. Sterne erzeugen Sehnsucht.

Als „Sternenkinder" werden die kleinen Menschen bezeichnet, die vor, während oder kurz nach der Geburt versterben. Damit verbunden ist die Vorstellung, dass die Kinder nun im Himmel sind. Ein Stern steht für Geborgenheit.

Für die Verlagsgruppe Gruner + Jahr ist der Stern ein Erfolgsgarant. Seit dem 1. August 1948 erscheint der „Stern" wöchentlich im Zeitschriftenfachhandel und wird immerhin von weit über 7 Millionen Menschen gelesen. Der Stern steht für Information und Unterhaltung.

Eines der dunkelsten Kapitel, für die ein Stern missbraucht wurde, begann am 1. September 1941. An diesem Tag trat die Polizeiverordnung über die Kennzeichnung der Juden in Kraft. Ab sofort mussten Juden einen gelben Stern sichtbar auf der linken Seite des Oberkörpers tragen. Darin befand sich die Aufschrift „Jude" in einer geschwungenen Schrift, die an die hebräische angelehnt war und den jüdischen Glauben dadurch verspotten sollte. Der Stern steht für Ausgrenzung, Hass und Niedertracht.

Der Davidsstern dagegen – heute immer noch das Symbol des jüdischen Glaubens und des Volkes Israel – ist eigentlich blau und besteht aus zwei ineinander verwobenen Dreiecken. Er soll, laut einer Interpretation, die Beziehung zwischen Gott und Mensch darstellen. Die verschiedenen Ecken sagen etwas über die sechs Schöpfungstage und die zwölf Stämme Israels aus. Ich mag diese Definition. Dieser Stern steht für eine Beziehung zum lebendigen Gott.

Was denken Sie, wenn Sie an das Wort „Stern" denken? Nehmen Sie sich einmal einige Minuten Zeit. Wenn Sie keinen Stern parat haben, zu dem Sie aufblicken können, dann schließen Sie die Augen und denken Sie an Ihre letzte Sternenbegegnung.

Meine erste Sternenassoziation hat tatsächlich etwas mit dem Lied *Stern, auf den ich schaue* zu tun. Das liegt an einer alten Geburtstagstradition unserer Familie. Früher durfte das Geburtstagskind am Geburtstagsmorgen nicht einfach aus dem Bett hüpfen und sich auf die Suche nach seinen Geschenken machen. Nein, es musste liegen bleiben und warten, bis die anderen Familienmitglieder es weckten. Das war besonders für meine Schwester und mich eine Tortur, denn oft waren wir schon Stunden vor dem offiziellen Weckruf wach und mussten die Zeit mühsam totschlagen. Da wurde das Bett verlassen und schon einmal gespielt, gemalt oder in Büchern geblättert. Der Grund, warum wir doch Jahr für Jahr auf das offizielle Geburtstagszeremoniell gewartet haben, war ein sehr feierlicher:

Am Vorabend durfte sich der Jubilar ein Lied wünschen, welches dann von den anderen am Geburtstagsmorgen an der offenen Zimmertür oder direkt am Bett gesungen wurde. Und immer, wenn sich vor meiner Zimmertür langsam Tumult ausbreitete, schlüpfte ich unter die Decke, tat so, als ob ich noch schliefe, und schielte mit einem Auge zur Tür. Die ging dann langsam auf und der Familienchor, bestehend aus Vater, Mutter und Schwester, brachte sich in Position. Und dann wurde gesungen. Oder besser gesagt: gebrummelt! Denn wer am frühen Morgen singt, der muss den ein oder anderen schiefen Ton mit einkalkulieren. Doch das war völlig egal. Ich habe diese Situationen geliebt. Da lag ich in meinem weichen Bett, um mich herum stand die Familie und vor mir lag ein perfekter Tag mit Geschenken, Lieblingsessen und Kindergeburtstag.

Und als Geburtstagslied habe ich mir oft *Stern, auf den ich schaue* gewünscht. Warum, weiß ich gar nicht so genau. Ich war eigentlich ein Kind wie jedes andere auch. Ich habe gerne Comics gelesen, Fußball gespielt und musikalisch gesehen auch keine besonderen Auffälligkeiten an den Tag gelegt. Aber dieses alte Lied war für mich als Geburtstagslied gesetzt. Ich habe es durch meine Großeltern kennengelernt und fand es schön. Einfach wegen des Titels. Erst im Nachhinein wurde mir bewusst, dass dieses Gefühl, das ich als kleiner Junge am Geburtstagsmorgen hatte, meine Beziehung zu Gott widerspiegelt:

Er ist für mich ein Stern, auf den ich schaue. Er ist weit weg, ich kann ihn nicht fassen, er bleibt stets ein wenig auf Distanz, aber er ist immer da. Im Gegensatz zu den Sternschnuppen verglüht er auch nicht, sondern strahlt mich an. Er hat etwas Mysteriöses, aber gleichzeitig habe ich großes Vertrauen zu ihm. Er ist faszinierend und trotzdem alltäglich. Ich sehe ihn nicht immer, weiß aber, dass er immer da ist. Der Stern ist das Symbol meines Glaubens.

Klar, der Vergleich hinkt an so mancher Stelle. Aber jeder Versuch, Gottes Beziehung zu uns Menschen irgendwie greifbar zu machen, kommt irgendwann an seine Grenzen. Trotzdem ist mir meine persönliche Sterndeutung immer noch eine große Hilfe. Denn in der Bibel kann man lesen, dass Gott selbst mit dem Symbol des Sterns arbeitet. Die drei Weisen aus dem Morgenland folgen einem Stern bis zur Krippe (Matthäus 2,1-12). Abraham wird anhand der Sterne symbolhaft die Vielzahl seiner Nachkommen vor Augen geführt (1. Mose 15,5). Und in der Schöpfungsgeschichte steht ausdrücklich, dass Gott der Schöpfer dieser Himmelskörper ist (1. Mose 1,16).

Die Formulierungen von Cornelius Friedrich Adolf Krummacher, der das Lied in der Zeit der Romantik schrieb, wirken in unserer Zeit etwas fremd, aber sie haben wenig von ihrer Strahlkraft eingebüßt. Waldemar Grab, Pianist, Sänger und Evangelist, hat im Jahr 2011 einen neuen Text auf die alte Melodie geschrieben, der mich sehr berührt hat. Ich möchte ihn nachfolgend zitieren, denn er steht nicht in Konkurrenz zu dem herkömmlichen Lied, sondern führt die Tradition von Krummacher auf wunderbare Weise fort:

Bin so gern auf Erden,
diesem schönen Stern,
was auch immer werde,
Herr, ich lebe gern!
Staunend über Wunder
schau ich gern dir zu,
ziehst durch die Gezeiten,
alles, Herr, bist du!

Sonne, Mond und Sterne
leuchten Tag und Nacht,
schenken Licht und Wärme,
sind Zeugen deiner Pracht!
Du gibst mir das Leben
und mein täglich Brot,
will mein Herz dir geben,
mein Retter in der Not.

War'n so viele Menschen,
oft war ich allein,
hast mich dann gefunden,
Herr, nun bin ich Dein!
Will dir gerne dienen
mit Herz, Mund und Klavier,
komme dir entgegen,
und gehöre dir![2]

---

2   Von der CD „Du meine Seele swinge".

Freunde fürs Leben

Samuel Rodigast:
Was Gott tut, das ist wohlgetan, 1675

Es wird immer dann besonders heikel, wenn man selbst betroffen ist. Wenn die schlimmen Dinge des Lebens sich direkt in der Nachbarschaft oder im Freundeskreis ereignen, wird der Glaube an einen Gott der Liebe hart auf die Probe gestellt. Samuel Rodigast hat eine solche Situation dichterisch verarbeitet. Das Ergebnis ist das Lied „Was Gott tut, das ist wohlgetan":

1. Was Gott tut, das ist wohlgetan,
   es bleibt gerecht sein Wille;
   wie er fängt seine Sachen an,
   will ich ihm halten stille.
   Er ist mein Gott,
   der in der Not
   mich wohl weiß zu erhalten;
   drum lass ich ihn nur walten.

2. Was Gott tut, das ist wohlgetan,
   er wird mich nicht betrügen;
   er führet mich auf rechter Bahn;
   so lass ich mir genügen
   an seiner Huld
   und hab Geduld,
   er wird mein Unglück wenden,
   es steht in seinen Händen.

3. Was Gott tut, das ist wohlgetan,
   er wird mich wohl bedenken;
   er als mein Arzt und Wundermann
   wird mir nicht Gift einschenken
   für Arzenei;
   Gott ist getreu,
   drum will ich auf ihn bauen
   und seiner Güte trauen.

4. Was Gott tut, das ist wohlgetan,
   er ist mein Licht und Leben,
   der mir nichts Böses gönnen kann;
   ich will mich ihm ergeben
   in Freud und Leid,
   es kommt die Zeit,
   da öffentlich erscheinet,
   wie treulich er es meinet.

5. Was Gott tut, das ist wohlgetan;
   muss ich den Kelch gleich schmecken,
   der bitter ist nach meinem Wahn,
   lass ich mich doch nicht schrecken,
   weil doch zuletzt
   ich werd ergötzt
   mit süßem Trost im Herzen;
   da weichen alle Schmerzen.

6. Was Gott tut, das ist wohlgetan,
   dabei will ich verbleiben.
   Es mag mich auf die raue Bahn
   Not, Tod und Elend treiben,
   so wird Gott mich
   ganz väterlich
   in seinen Armen halten;
   drum lass ich ihn nur walten.

Nein, diese Verse hat der Dichter Samuel Rodigast nicht einfach so runtergeschrieben. Zumindest dann nicht, wenn die überlieferte Entstehungsgeschichte von der Krankheit seines Freundes stimmt. Dann nämlich hat Rodigast diesen Text für seinen todkranken Freund, den Musiker Severus Gastorius, verfasst. Dem hat das Lied so gut gefallen, dass er direkt eine Melodie dazu komponierte und bestimmte, dass es auf seiner Beerdigung gesungen werden sollte. Unsicheren Quellen zufolge wurde Gastorius aber wieder gesund und das Lied wurde ein Trostlied für Menschen in schwierigen Zeiten, ganz so wie gedacht.

Ich ahne, dass Samuel Rodigast einen harten Kampf geführt hat, bevor die Strophen des Liedes *Was Gott tut, das ist wohlgetan* fertig

waren. Er hat nach Worten gerungen, denn sein Freund lag ihm am
Herzen. Wenn Krankheit oder Leid ins Spiel kommen, dann bleiben
einem die Worte manchmal im Halse stecken. Da bedeutet Schweigen
erst einmal mehr als Reden und die Worte wollen gut gewählt sein.
Denn solch gut gemeinte Aussagen wie „Irgendwann wirst du sehen,
wofür das gut ist" wirken wie Ohrfeigen mitten in die Gesichter der
Betroffenen. Bibelverse manchmal übrigens auch:

Ein Freund von mir steckte einmal in einer sehr aussichtslosen
Lage. Das war eine schlimme Zeit. Sie erstreckte sich nicht nur über
Wochen oder Monate, sondern diese Situation dauerte viele Jahre lang
an. Er erzählte mir hinterher: „Ich habe Gott vertraut, aber ich konnte
sein Wort nach einiger Zeit nicht mehr hören. Es klang teilweise wie
Hohn. Das ging so weit, dass mich die gut gemeinten Losungswor-
te angeekelt haben und ich das Büchlein in die Ecke gepfeffert habe.
Und trotzdem hat Gott an mir festgehalten. Ich habe es nur in dem
Moment nicht direkt gespürt. Doch durch die Anwesenheit und die
aufbauenden Worte von Freunden wurde die Situation erträglicher."

„Was Gott tut, das ist wohlgetan, es bleibt gerecht sein Wille; wie er
fängt seine Sachen an, will ich ihm halten stille. Er ist mein Gott, der
in der Not mich wohl weiß zu erhalten; drum lass ich ihn nur walten."
Ein sterbenskranker Mensch liest diese Verse, freut sich daran und
schreibt dazu eine Melodie. Ohne zu wissen, wie sich eine solche Situation anfühlt, finde ich: Samuel Rodigast hat verstanden, worum es in
der Beziehung zu Gott geht.

Es geht nicht um eine Win-win-Situation, nach dem Motto: „Sieh
du, Gott, bitte zu, dass es mir gut geht, dann singe ich auch immer
schön brav ein Loblied auf dich und spende regelmäßig." Genauso
wenig geht es um eine Beziehung à la „Jetzt hast du mich mit einer
Krankheit geschlagen, dann bin ich beleidigt und möchte mit dir
nichts mehr zu tun haben". Ich möchte mit dieser überspitzten Formulierung keine Zweifel kleinreden, aber eine Beziehung zu Gott ist
vielschichtiger, ehrlicher und risikoreicher.

Ich darf und werde natürlich von meiner Gottesbeziehung profitieren. Doch im Falle des christlichen Glaubens kann ich das nicht
vertraglich regeln und auch nicht voraussetzen. An allererster Stelle
stehen für mich die persönliche Überzeugung, dass ich ohne diese
Beziehung nicht mehr leben kann, und das Vertrauen, dass derjenige,
mit dem ich die Beziehung eingehe, weiter blicken kann als ich. Au-

ßerdem muss ich mich damit abfinden, dass sich mir manche Dinge, die passieren, nicht an Ort und Stelle erschließen. Bei mir ist das ein Prozess, der mal vorangeht, manchmal stagniert und sogar hin und wieder rückwärts verläuft.

„Was Gott tut, das ist wohlgetan, er wird mich nicht betrügen; er führet mich auf rechter Bahn; so lass ich mir genügen an seiner Huld und hab Geduld, er wird mein Unglück wenden, es steht in seinen Händen." Wer diese Worte von ganzem Herzen unterschreiben kann, der ist in meinen Augen weder naiv noch dumm, sondern er nimmt den Beziehungspartner ernst. Ich glaube daran, dass Gott keine Spielchen spielt, auch wenn das manchmal so rüberkommt. Ich kann es nicht beweisen, aber ich möchte daran glauben, dass Gott das Beste für uns im Sinn hat, weil wir seine Geschöpfe sind. Daran erinnere ich ihn auch. Dann nämlich, wenn es mir schlecht geht. Und das gehört ebenfalls zu einer funktionierenden Beziehung. Man darf äußern, dass man sich mies behandelt fühlt und gerade gar nicht mehr weiß, wo einem der Kopf steht. Und wenn das bedeutet, dass die Bibel zugeklappt bleibt und das Gebet einzig aus einem resignierten Seufzer besteht. Das ist ehrlicher als alles andere. Wie in der letzten Strophe des Liedes deutlich wird: *„Was Gott tut, das ist wohlgetan, dabei will ich verbleiben. Es mag mich auf die raue Bahn Not, Tod und Elend treiben, so wird Gott mich ganz väterlich in seinen Armen halten; drum lass ich ihn nur walten."*

Der letzte Halbsatz klingt ein bisschen nach Resignation. „Dann mach halt. Was soll's? Du machst ja sowieso, was du willst. Was für eine Alternative habe ich denn bitte schön? Es kommt, wie es kommt. Nur eine Bitte habe ich: Lass mich bei all dem, was kommt, nicht allein, sondern halte mich fest."

Wie Gott mit solchen Bitten umgeht, weiß ich nicht genau. Ich gehe aber davon aus, dass er sie sehr ernst nimmt. Nur – die Tatsache, ob jemand geheilt wird oder nicht, ob Leid gelindert wird oder nicht, sagt weder etwas über die Stärke des Glaubens von uns Menschen noch über die Tatsache, ob Gott uns wirklich zuhört, aus. Das zeigt schon eine biblische Geschichte aus dem Alten Testament. Hiob, ein frommer Mann, wird aus heiterem Himmel von einer Tragödie nach der anderen heimgesucht. Und er fragt Gott sinngemäß: „Warum passiert mir dieses ungerechte und schlimme Unglück? Ich bin doch fromm und treu und so!" (u.a. Hiob 7,6-21 und Hiob 31). Und

Gott gibt die Antwort: *„Wo warst du, als ich die Grundfesten der Erde legte?"* (Hiob 38,4). Ich interpretiere das als ein: „Sorry, Hiob, aber du hast kein Recht, das zu fragen, denn ich bin Gott und du nicht."

Das hinterlässt bei mir einen faden Beigeschmack, denn damit muss ich mir eingestehen: Ich weiß nicht, wie Gott tickt, und muss das schweren Herzens akzeptieren. Und doch macht eine Beziehung mit ihm Sinn. Weil die Summe seiner Worte und vor allem seine Menschwerdung Wertschätzung und Liebe transportieren. Jesus sagt zu uns: *„Kommt alle her zu mir, die ihr müde seid und schwere Lasten tragt, ich will euch Ruhe schenken"* (Matthäus 11,28). Er sagt nicht: „Leute, bei mir ist alles super, und wenn ihr unter meine Fittiche schlüpft, dann gibt es nur noch strahlende Gesichter." Aber er verspricht: *„Ich bin immer bei euch bis ans Ende der Zeit"* (Matthäus 28,20).

Wegweiser „to go"

Hedwig von Redern:
Weiß ich den Weg auch nicht, 1901

Die Wege des Herrn sind unergründlich. Genauso sieht es aus, und deshalb führen sie manche Menschen dahin, wo es richtig abwechslungsreich, aber auch tragisch werden kann. Hedwig von Redern kann ein Lied davon singen:

1. Weiß ich den Weg auch nicht, du weißt ihn wohl,
   das macht die Seele still und friedevoll.
   Ist's doch umsonst, dass ich mich sorgend müh,
   dass ängstlich schlägt mein Herz, sei's spät, sei's früh.

2. Du weißt den Weg ja doch, du weißt die Zeit,
   dein Plan ist fertig schon und liegt bereit.
   Ich preise dich für deiner Liebe Macht,
   ich rühm die Gnade, die mir Heil gebracht.

3. Du weißt, woher der Wind so stürmisch weht,
   und du gebietest ihm, kommst nie zu spät.
   Drum wart ich still, dein Wort ist ohne Trug,
   du weißt den Weg für mich, das ist genug.

Sie betete regelmäßig mit den Patienten eines Krankenhauses, sprach mit den Angestellten über Gott und die Welt, startete in Berlin Bibelkreise für Polizisten und erzählte spannende Geschichten im Kindergottesdienst. – Die Liste derer, die Hedwig von Redern regelmäßig besuchte, könnte ungleicher nicht sein. Und doch hat sie es geschafft, mit den verschiedensten Menschen in Kontakt zu kommen. Kinder, Polizeibeamte, Patienten sowie Ärzte und Krankenschwestern – alle Achtung. Frau von Redern hat so einige Wege zurückgelegt, um sich für das Reich Gottes einzusetzen.

Ob sie das ursprünglich auch so geplant hatte? Es scheint nicht so, denn schon im Liedeinstieg gibt sie zu, dass sie eigentlich nicht so recht weiß, wo es langgeht. Aber direkt danach kommt die Erleichterung: „Aber du weißt es!" Also brauche ich mich ja nicht mehr darum zu kümmern. Oder doch? Das ist ja das Dilemma, wenn man sich auf eine von Gott bestimmte Lebensnavigation einlässt. Einerseits ist da der Wunsch, nach dem Willen Gottes zu leben, und andererseits ist gerade der häufig so schwer zu erkennen. Oder doch nicht? Gott hat uns ja so einige Hilfsmittel an die Hand gegeben.

Die erste Orientierungshilfe für einen Lebensweg nach Gottes Plan sind unserer Fähigkeiten und Leidenschaften. Also genau die Anlagen und Talente, die Gott „in uns hineingelegt hat", wie es so schön fromm heißt. Es ist mir ein Rätsel, warum einige Menschen immer noch davon ausgehen, dass genau der Weg eingeschlagen oder die Entscheidung getroffen werden muss, die uns so gar nicht behagt. Als ob Gott uns extra quälen wollte: „Ah, der Horst kocht so grottenschlecht und ungerne, den werde ich jetzt mal mit dem Amt des Kochs auf der nächsten Gemeindefreizeit belohnen. Und die Ilse hat Angst, vor einer großen Menschenmenge zu sprechen. Wie wäre es denn, wenn ich sie mal ins Moderationsteam der Kirchengemeinde berufe?"

Nein, so läuft es nicht. Die Frage nach dem „Was mache ich gerne und warum?" ist ein entscheidender Tipp für die Entscheidung für diverse Gemeindeaktivitäten, aber auch für das Leben allgemein. Klar ist es sinnvoll, nicht bei jeder Anfrage direkt zu sagen: „Ne, das liegt mir nicht, deshalb mache ich das auch nicht." Vor allem dann, wenn es noch nie ausprobiert wurde. Vielleicht werden so ja neue Leidenschaften geweckt. Grundsätzlich ist es allerdings Gift für denjenigen selbst und für seine Mitmenschen, wenn jemand einer Tätigkeit nachgeht, auf die er keine Lust hat oder die ihm einfach nicht liegt. Am Ende hat Gott selbst großes Interesse daran, dass wir glücklich sind und dass uns etwas gelingt.

Der zweite Wegweiser sind die äußeren Umstände, mit denen wir konfrontiert werden; Menschen, mit denen wir in Kontakt kommen. Sie bestärken uns, kritisieren und werten. Sie motivieren, zerstören, bauen Selbstvertrauen auf und reißen es wieder ein. In diesem Zusammenhang kommt man auch an falschen Wegweisern vorbei, denn nicht jeder hat das Recht, Einfluss auf das Leben eines anderen zu nehmen, und nicht jeder hat die Kompetenz, dies zu tun. Da darf schon ordentlich selektiert werden. Ferner lernen wir im Laufe unseres Lebens durch Begegnungen und Erlebnisse so manche Wegstrecke kennen und können dann schon einmal absehen, welche Abkürzung sich lohnt oder wo es doch vielleicht sinnvoll ist, einen Umweg in Kauf zu nehmen.

Der dritte und schwierigste Wegweiser ist der des Schicksals, der Vorsehung oder der Umstände, die ich nicht beeinflussen kann. Der ist meistens unsichtbar und wird uns erst dann schmerzlich bewusst, wenn wir mit voller Wucht dagegengelaufen sind. Manche Lebensumstände können wir einfach nicht vorhersehen. Da passiert etwas, ohne dass wir etwas dazu beitragen. Bei schönen Erlebnissen führt das zu einem erstaunten und ehrlich gemeinten „Halleluja" sowie Glücksgefühlen. Bei weniger schönen Erlebnissen zu seelischen oder körperlichen Schmerzen.

Bei Hedwig von Redern schlägt dieses Schicksal beispielsweise zu, als ihr Vater stirbt oder das Haus der Familie komplett abbrennt. Mit diesem Wissen im Hinterkopf ist es noch verwunderlicher, wie hoffnungsvoll sie die Wegführung Gottes einschätzt: *„Du weißt, woher der Wind so stürmisch weht, und du gebietest ihm, kommst nie zu spät. Drum wart ich still, dein Wort ist ohne Trug, du weißt den Weg für mich, das ist genug."*

In diesen Versen verbirgt sich ein weiterer Wegweiser, der genauso unsichtbar ist oder unvorhersehbar auftaucht wie der vorherige: die Gewissheit, dass ich nicht alleine unterwegs bin. Es gibt einen Begleiter, der mir guttut, selbst wenn ich in schwierigen Situationen stecke.

Eine biblische Geschichte unterstreicht das für mich: Da gehen zwei Männer gemeinsam nach Hause. Sie sind niedergeschlagen und traurig. Wenn sie den buchstäblichen Weg nach Hause auch kennen, so fühlen sie sich in ihrem Leben dennoch ziemlich orientierungslos. Denn das, woran sie geglaubt haben, ist von einem Moment auf den anderen zusammengebrochen und wie ein Kartenhaus zusammengestürzt. Jesus, der Mann, dem sie vertraut haben und auf den sie all ihre Hoffnungen gesetzt haben, ist am Kreuz gestorben wie ein gemeiner Verbrecher. Und so schleichen sie nach Hause. Völlig fassungslos und tief deprimiert.

Da gesellt sich mit einem Mal ein fremder Mann zu ihnen. Die beiden Jünger von Emmaus sind so mit ihrer Orientierungslosigkeit beschäftigt, dass sie gar nicht bemerken, dass der, auf den sie all ihre Hoffnung gesetzt haben, gerade neben ihnen hergeht. Jesus fragt. Sie antworten. Sie erzählen und erzählen und sind immer noch gefangen in ihrer Perspektivlosigkeit. Irgendwann wird es Jesus dann zu bunt und er wird deutlich: *„Was seid ihr doch für unverständige Leute!"*, platzt es aus ihm heraus. *„Es fällt euch so schwer zu glauben, was die Propheten in der Schrift gesagt haben. Haben sie nicht angekündigt, dass der Christus alle diese Dinge erleiden muss, bevor er verherrlicht wird?"* (Lukas 24,25-26). Die beiden Jungs aus Emmaus kapieren immer noch nichts.

Dann nimmt sich Jesus viel Zeit und geht mit ihnen das ganze Glaubens-ABC noch einmal durch. Wahrscheinlich sind die beiden Männer so beeindruckt, dass sie ihn deshalb mit in ihr Dorf nehmen und zum Abendessen einladen. Und erst dann bemerken sie, dass ihr Wegweiser, ihre Lebenswanderkarte, persönlich Zeit mit ihnen verbringt. Mit dieser neuen Info gehen sie direkt zurück nach Jerusalem, und dort wird ihnen bestätigt, dass sie nicht schlafgewandelt, sondern tatsächlich mit Jesus gewandert sind (Lukas 24,13-34).

Das zeigt, dass all die Wegweiser, wie meine Leidenschaften und Fähigkeiten, wie die äußeren Umstände und die unvorhersehbaren Dinge, von dem einen Wegweiser überstrahlt werden. Der gibt sich zwar nicht immer zu erkennen, aber er hat alles im Griff.

Oder anders ausgedrückt: *„Weiß ich den Weg auch nicht, du weißt ihn wohl."*

Wahre Freundschaft

Joseph M. Scriven: Welch ein Freund ist unser Jesus, 1855

Es sind meistens die dramatischen Geschichten des Lebens, die in Erinnerung bleiben – in der eigenen Seele und im Gedächtnis der Mitmenschen. Und es sind oftmals Menschen, die harte Schicksalsschläge verkraften müssen, die besonders tröstliche Texte verfassen. Joseph M. Scriven, der Verfasser des Gedichtes „What a friend we have in Jesus", ist ein Paradebeispiel dafür. Ernst Heinrich Gebhardt hat seine Verse 1875 ins Deutsche übersetzt:

1. Welch ein Freund ist unser Jesus, o, wie hoch ist er erhöht!
   Er hat uns mit Gott versöhnet und vertritt uns im Gebet.
   Wer mag sagen und ermessen, wie viel Heil verloren geht,
   wenn wir nicht zu ihm uns wenden und ihn suchen im Gebet!

2. Wenn des Feindes Macht uns drohet und manch Sturm rings um uns weht,
   brauchen wir uns nicht zu fürchten, stehn wir gläubig im Gebet.
   Da erweist sich Jesu Treue, wie er uns zur Seite steht
   als ein mächtiger Erretter, der erhört ein ernst Gebet.

3. Sind mit Sorgen wir beladen, sei es frühe oder spät,
   hilft uns sicher unser Jesus, fliehn zu ihm wir im Gebet.
   Sind von Freunden wir verlassen und wir gehen ins Gebet,
   oh, so ist uns Jesus alles: König, Priester und Prophet!

Die schrecklichen Bilder kehren auch in dieser Nacht zurück, und es scheint, als ob sie sich dieses Mal noch schärfer in sein Unterbewusstsein einbrennen. Die Brücke, das Lachen seiner Verlobten, die wehenden Haare. Dann der Wind, der die geliebte Frau, die ihm auf dem Pferd entgegenreitet, erfasst und sie in den Fluss stößt. Direkt vor seinen Augen muss er hilflos mit ansehen, wie sie ertrinkt. Kurz vor ihrer Hochzeit. Dieses Szenario dreht sich seitdem wie eine End-losschleife in seinem Kopf.

In jeder Nacht wacht Joseph Scriven auf, geweckt von seinen ei-genen verzweifelten Schreien. Schweißgebadet sitzt er dann im Bett und versucht, seinen Atem zu kontrollieren. Langsam, ganz langsam verschwinden die fürchterlichen Erlebnisse aus seinem Kopf. Aber Jo-seph weiß genau, dass sie in einer dunklen Ecke seines Herzens auf ihn warten, um ihn im nächsten geeigneten Moment erneut heimzu-suchen. Er schlägt die Bettdecke zurück, steht auf, geht ans Fenster, öffnet es und atmet tief durch. Die nächtliche Luft des kanadischen Städtchens Port Hope ist klar und kühl.

„Warum?", formen seine Lippen lautlos. „Warum ich? Warum im-mer ich?" Die Nächte sind eine Qual, denn selbst wenn er wach ist und die Schatten dieses schlimmen Verlustes erfolgreich verdrängt, erscheinen schon die nächsten dunklen Wolken in seinem Gemüt. Wartet schon der nächste mentale Tiefschlag. Denn auch Josephs zweite große Liebe ist nicht mehr bei ihm. Sie ist an hohem Fieber gestorben. Scriven schließt das Fenster, legt sich wieder ins Bett und denkt nach. „Ich fühle mich allein gelassen mit meinem Schick-sal, mit meinem Leid und meinen Depressionen. Ich brauche einen Freund. Einen, der mich versteht, der meine Leiden nachfühlen kann, der mich genau kennt."

Scriven ist nicht einsam in Port Hope. Er ist sogar ausgesprochen beliebt. Das liegt an seinem freundlichen Wesen und an seiner Hilfs-bereitschaft. Er kümmert sich um die Alten, Kranken und Armen des Dorfes. Immer ist er für andere da und packt mit an. Viele wissen gar nicht, wie es in ihm wirklich aussieht. Aus gutem Grund. Das geht niemanden etwas an, und außerdem möchte Joseph kein Mitleid. Zu-mindest nicht von fremden Menschen. Klar hat er auch Freunde. Sehr gute Freunde sogar, die ihn unterstützen und für ihn da sind. Aber keinem von ihnen hat er sich je ganz offenbart. Er weiß, dass sie mit der schweren Last, die ihn bedrückt, nicht umgehen könnten.

Jimmy zum Beispiel, sein bester Freund, ist ein absoluter Optimist. Joseph fühlt sich wohl in seiner Gegenwart. Bei Jimmy wird er abge-lenkt und kommt auf andere Gedanken. Aber immer, wenn es still wird und Joseph von seiner Schwermut überfallen wird, wird Jim-my nervös. Er kann damit nicht umgehen. „Komm schon, Jo", sagt er dann. „Kopf hoch! Das wird schon wieder. Du musst mal wieder unter Leute gehen und dich ablenken." Aber genau das ist es, was er nicht will. Er braucht keine Ablenkung. Er braucht Hilfe, Zuversicht, Mut. Jimmy zieht sich dann zurück, lässt ihn alleine. „Ich kann es ihm nicht verdenken", seufzt Joseph Scriven. „Ich kann das einfach keinem zumuten. Ich ruiniere ihnen die Stimmung."

Oder die netten Damen aus der Nachbarschaft. Sie sind wirklich süß, kümmern sich um Joseph, backen Kuchen für ihn und schauen, ob er sich auch gut ernährt. Letztens hat Mrs Adamson sogar gefragt, ob er nicht einmal ihre Nichte kennenlernen möchte. Er sei doch jetzt alleine und es gehöre doch eine Frau ins Haus. Joseph hat dankend abgelehnt. Es ist nett gemeint, macht aber alles nur noch schlimmer. Er braucht niemanden, der Lösungen parat hat und weiß, was für ihn richtig ist. Was Joseph braucht, ist jemand, der einfach da ist, zuhört, mittrauert und mitschweigt. Dem es nicht auf den Geist geht, wenn er von seiner Schwermut befallen wird und dann tagelang niemanden sehen möchte.

Mittlerweile steht Joseph wieder am Fenster und blickt in den Himmel. Seine Mutter versteht ihn. Allerdings ist sie selbst so getroffen von dem ganzen Leid, das ihrem Sohn widerfährt, dass es ihr wahrscheinlich noch schlechter geht als ihm selbst. Er versucht, ihr so wenig wie möglich zur Last zu fallen. Er müsste eigentlich mal wieder einen Brief schreiben und etwas von sich hören lassen. Irland ist so weit weg …

Sehnsüchtig wartet Joseph Scriven auf die ersten Sonnenstrahlen, mit denen meistens auch die trüben Gedanken wieder verschwinden. Als die erste Dämmerung einsetzt, fällt sein Blick auf die alte Bibel. Ein Geschenk seiner Mutter. Ein Hochzeitsgeschenk für Joseph und seine Frau. Er schluckt schwer, schließt die Augen und dann platzt es aus ihm heraus: „Großer Gott, ich bin am Ende meiner Kräfte. Niemand kann mir helfen, mit meiner Trauer umzugehen. Ich brauche jemanden, mit dem ich reden kann und der mich versteht. Aber es ist niemand da. Schlimmer noch, ich muss meine Mutter trösten und ihr Mut zusprechen, obwohl ich selbst keinen Sinn mehr im meinem Leben sehe. Du weißt, dass ich an dich glaube, dass ich anderen von dir erzähle und sie ermutige, zu beten und in der Bibel zu lesen. Aber in letzter Zeit empfehle ich etwas, das ich selbst nicht mehr beherzige. Bitte hilf mir! In Christus Jesus. Amen."

Und mit den ersten Sonnenstrahlen fühlt Joseph mit einem Mal einen tiefen Frieden und eine unbeschreibliche Ruhe in seinem Herzen. Ein Gefühl, das er schon lange nicht mehr gespürt hat und das ihm die Kraft gibt, den Tag zu überstehen.

Am Abend ist das Gefühl des Friedens schon lange wieder verschwunden und die nächste Welle der Hoffnungslosigkeit ist Scrivens nächtlicher Begleiter. Doch am nächsten Morgen setzt er sich an seinen Holztisch und beginnt, ein Gedicht zu schreiben: *„Welch ein Freund ist unser Jesus ...“* Als Trost für seine Mutter und als Halt für sich selbst.

Ich weiß nicht, ob das Gedicht von Joseph Scriven genau so entstanden ist, aber diese anhand von historischen Daten verfasste Erzählung macht es mir leichter, einen Liedtext zu verstehen, der so viel Zuversicht ausstrahlt und gleichzeitig eine tragische Melancholie transportiert.

Es ist natürlich zu kurz gefasst, das Leben eines Mannes auf dieses eine Lied und auf eine depressive Krankheit zu beschränken, an der er vermutlich litt. Genauso wie auf keinen Fall der Anschein entstehen darf, dass das Gebet zu Gott die einzige Möglichkeit ist, eine schwere Depression zu heilen. Da geht es gar nicht ohne ärztliche Hilfe. Es ist aber auch überhaupt nicht meine Absicht, mit dieser Text- und Autorenbetrachtung ein komplexes Bild darzustellen. Eines ist mir jedoch deutlich geworden: Gerade in aussichtslosen Situationen und in Momenten, in denen es scheinbar nirgendwo Hilfe gibt, brauche ich jemanden, dem kein Leid zu schwer und kein Wort zu traurig ist. Ich brauche jemanden, dem ich ohne Maske gegenübertreten kann und der mich so wahrnimmt, wie ich bin, ohne die Probleme kleinzureden oder daran zu zerbrechen. Wenn das ein Mensch leisten kann, dann ist das wunderbar. Für mich ist da aber meine Freundschaft zu Jesus unersetzlich geworden.

Unerklärlicher Friede

Horatio Gates Spafford:
Wenn Friede mit Gott, 1873

Hatte Horatio Gates Spafford etwa den Verstand verloren? Eine tödlich endende Urlaubsreise brachte den Rechtsanwalt dazu, das Lied „When Peace Like a River" (in der deutschen Übersetzung „Wenn Friede mit Gott") zu schreiben. Der Text handelt von Frieden, Ruhe und Lobpreis. Völlig fehl am Platz oder sehr sinnvoll? Urteilen Sie selbst:

1. Wenn Friede mit Gott meine Seele durchdringt,
   ob Stürme auch drohen von fern,
   mein Herze im Glauben doch allezeit singt:
   „Mir ist wohl, mir ist wohl in dem Herrn."

   Refrain:
   Mir ist wohl (mir ist wohl) in dem Herrn (in dem Herrn)!
   Mir ist wohl, mir ist wohl in dem Herrn!

2. Wenn Satan mir nachstellt und Bange mir macht,
   so leuchtet dies Wort mir als Stern:
   Mein Jesus hat alles für mich schon vollbracht;
   ich bin rein durch das Blut meines Herrn.

3. Die Last meiner Sünde trug Jesus, das Lamm,
   und warf sie weit weg in die Fern';
   er starb ja für mich auch am blutigen Stamm:
   Meine Seele lobpreise den Herrn.

4. Nun leb ich in Christo für Christum allein,
   sein Wort ist mein leitender Stern.
   In ihm hab ich Fried und Erlösung von Pein,
   meine Seele ist selig im Herrn.

Das Lied läuft in Endlosschleife auf meinem Computer – das Original *When Peace Like a River* von Horatio Gates Spafford. Dabei blicke ich auf ein Portrait des amerikanischen Anwalts. Er ist im Seitenprofil zu sehen. Ein markantes Gesicht mit Brille. Die Haare sind zurückgekämmt, er schaut ernst. Ich betrachte es lange und denke: „Alter Schwede, was hast du durchgemacht."

Und dabei meine ich nicht, dass der Jurist und Immobilienbesitzer durch ein Feuer im Jahr 1871 den Großteil seines Vermögens verloren hat. Nein, ich denke an den Moment, in dem er erfahren hat, dass seine vier Töchter bei der Überfahrt von den USA nach England ertrunken sind. Ich versuche, dem Mann in die Augen zu schauen, dem auf einen Schlag vier der kostbarsten Schätze genommen wurden, die er je hatte. Seine Frau überlebte das Unglück.

Ich versuche mich in die Lage hineinzuversetzen, wie ein Mann, ein Vater, damit umgeht, und ich versuche diese Tragik mit dem Lied *Wenn Friede mit Gott* in Verbindung zu bringen. Und es gelingt mir. Wenn auch mit sehr viel Mühe. Denn auf einmal verschwindet das Portrait auf meinem Computer vor meinen Augen und ich sehe den trauernden Familienvater auf einem Schiff stehen. Es fährt genau die gleiche Route, die seine Töchter und seine Frau einige Zeit zuvor auch genommen haben. Er steht an der Reling, diesmal ohne Brille. Seine sonst so akkurat zurückgekämmten Haare sind vom Wind zerzaust. Er starrt in die Ferne. Von hinten kommt der Kapitän, tippt ihm auf die Schulter und sagt: „Mr Spafford, genau hier ist es passiert." Dann dreht er sich um und lässt den Reisenden alleine. Er kann nicht sehen, wie die Schultern des sonst so taffen Anwaltes anfangen zu beben und wie sich sein Gesicht vor Trauer verzerrt. Er kann durch den Lärm der See und des Windes auch nicht hören, wie der Mann seine Verzweiflung hinausschreit und hemmungslos anfängt zu weinen. „Mein Gott, wie kannst du das nur zulassen?!"

Dann schaut Spafford weiter stumm in die Ferne. Am selben Abend entsteht das Lied *Wenn Friede mit Gott*.

Nun blicke ich wieder auf das Portrait des Mannes, der später noch einen Sohn verlor und kurz vor seinem sechszigsten Geburtstag in Jerusalem an Malaria starb. Ich brauche diese Gedankenreise, um mich auf das Lied einlassen zu können. Die Eckdaten entsprechen der Wahrheit, denn das Lied ist tatsächlich entstanden, nachdem Spafford die Unglücksstelle passiert hatte.

Ich benötige diesen persönlichen Vorlauf vor allem, um mit meiner Seele nachvollziehen zu können, dass der Mann in einer solchen Situation in der Lage war, ein Lied über Frieden und Ruhe zu schreiben. Es gelingt mir, weil ich glaube, dass er sich diesen Frieden erkämpft hat. Anders kann ich es mir nicht erklären. Oder besser gesagt: Ich bin nicht bereit, es mir anders zu erklären.

Denn wenn ich ehrlich bin, habe ich bei meinen Recherchen zu Spafford und zu der Entstehung des Liedes kein Sterbenswörtchen über Zweifel, Gram und Hoffnungslosigkeit gelesen. Als Mensch, Vater und jemand, der an Gott glaubt, kann ich das nicht nachvollziehen. Nicht so, wie es mir überliefert wird. Das kann nicht sein. Die tragische Melodie, diese Melancholie, die zwischen den Zeilen mitschwingt, geben mir recht, finde ich.

Und um ein solches Lied schreiben zu können, müssen meiner Meinung nach einige andere Trauerphasen vorausgegangen sein. Vielleicht hat Spafford alles nur mit sich selbst ausgemacht und deshalb findet man nichts über seinen Schmerz. Alles andere ist für mich nicht realistisch. Gut, wenn ich jetzt weiterdenke, dann ist der Friede, der in der Bibel als *„größer [...], als unser menschlicher Verstand es je begreifen kann"* bezeichnet wird (Philipper 4,7), auch selten realistisch oder erklärbar.

Es ist auch reichlich vermessen, meine Einschätzung durchdrücken zu wollen, nur weil ich mir nicht vorstellen kann, dass ein Mann so mit dem Thema Verlust und Tod umzugehen vermag. Noch dazu, weil ich nicht einmal ansatzweise nachempfinden kann, wie sich eine solche Situation anfühlt. Also rudere ich etwas zurück und bleibe bei dem göttlichen Frieden stehen.

Den kenne ich auch aus anderen Erzählungen und Lebensbildern von Menschen. Oft werden diese Personen gerade dann mit einem tiefen Frieden beschenkt, wenn sie so richtig viel Mist erleben oder sich in einer gefährlichen Situation befinden. Sagen sie zumindest. Und die Begründungen ähneln sich auch: Dieser Frieden hat immer etwas mit Jesus zu tun. Und viel genauer kann man das auch nicht beschreiben, denn es ist etwas Nichtfassbares und für Außenstehende auch nicht nachzuempfinden.

Es scheint einen Frieden, also eine Ruhe, Stille oder Ausgeglichenheit, zu geben, die jeden Verstand übersteigt. Dieser Zustand kann in Verbindung mit einem gerade erlebten Unglück als Schock, Verdrängung oder Schutzmechanismus verstanden werden und vielleicht trifft das ja sogar zu. Er kann allerdings auch als überirdisches Geschenk von oben bezeichnet werden, das deutlich macht, dass Gott seine Hand besonders über die Leute hält, die ihn gerade am meisten brauchen. Doch auch das kann nicht verallgemeinert werden. Wer definiert denn, wann das der Fall ist? Und was ist, wenn ich diesen Frieden einfach nicht spüre, sondern ein Meer von seelischen oder körperlichen Schmerzen mich lähmt und mir jegliche Perspektive raubt? Ich merke, so komme ich zu keinem Ergebnis.

Muss ich auch nicht. Denn etwas, was man nicht erklären kann, muss auch nicht erklärt werden. Was ich aber durch die Entstehungsgeschichte des Liedes wieder neu gelernt habe, ist: Ich wünsche jedem Menschen, der die dramatische Seite des Lebens kennenlernt, einen Platz, an dem er Frieden finden kann. Wann und wie auch immer. Für Horatio Gates Spafford kam da nur die Flucht in die Arme von Jesus Christus infrage: *„Nun leb ich in Christo für Christum allein, sein Wort ist mein leitender Stern. In ihm hab ich Fried und Erlösung von Pein, meine Seele ist selig im Herrn."*

Vielleicht hat er sich diesen unerklärlichen Frieden erkämpft. Vielleicht wurde er ihm einfach so geschenkt. Anscheinend hat Spafford seinen Verstand zwar nicht verloren, aber zumindest seinen Realitätssinn kurz einmal ignoriert. Zugunsten eines Friedens, *„der größer ist, als unser menschlicher Verstand es je begreifen kann".* Und das finde ich sehr verständig.

Wenn Gott ein Lied wäre …

Georg Neumark:
Wer nur den lieben Gott lässt walten, 1657

Musik ist mehr als die lose Abfolge von Tönen. Musik löst Gefühle aus. Musik macht traurig, lustig, wach, müde, liebevoll, aggressiv usw. Es gibt viele Möglichkeiten, Musik zu hören und zu machen. Anhand des Liedes „Wer nur den lieben Gott lässt walten" von Georg Neumark wird das deutlich.

1. Wer nur den lieben Gott lässt walten
und hoffet auf ihn allezeit,
den wird er wunderbar erhalten
in aller Not und Traurigkeit.
Wer Gott, dem Allerhöchsten, traut,
der hat auf keinen Sand gebaut.

2. Was helfen uns die schweren Sorgen,
was hilft uns unser Weh und Ach?
Was hilft es, dass wir alle Morgen
beseufzen unser Ungemach?
Wir machen unser Kreuz und Leid
nur größer durch die Traurigkeit.

3. Man halte nur ein wenig stille
und sei doch in sich selbst vergnügt,
wie unsers Gottes Gnadenwille,
wie sein Allwissenheit es fügt;
Gott, der uns sich hat auserwählt,
der weiß auch sehr wohl, was uns fehlt.

4. Er kennt die rechten Freudenstunden,
er weiß wohl, wann es nützlich sei;
wenn er uns nur hat treu erfunden
und merket keine Heuchelei,

so kommt Gott, eh wir's uns versehn,
und lässet uns viel Guts geschehn.

5. Denk nicht in deiner Drangsalshitze,
dass du von Gott verlassen seist
und dass ihm der im Schoße sitze,
der sich mit stetem Glücke speist.
Die Folgezeit verändert viel
und setzet jeglichem sein Ziel.

6. Es sind ja Gott sehr leichte Sachen
und ist dem Höchsten alles gleich:
den Reichen klein und arm zu machen,
den Armen aber groß und reich.
Gott ist der rechte Wundermann,
der bald erhöhn, bald stürzen kann.

7. Sing, bet und geh auf Gottes Wegen,
verricht das Deine nur getreu
und trau des Himmels reichem Segen,
so wird er bei dir werden neu.
Denn welcher seine Zuversicht
auf Gott setzt, den verlässt er nicht.

Zu diesem Text sollen mehr als zwanzig Melodien existieren. Ich kenne sie nicht alle, aber ich finde es beeindruckend. Und ich denke, es ist stimmig, dass gerade dieser Text eine Vielfalt an Tönen hervorgebracht haben soll, denn der Inhalt passt dazu. *Wer nur den lieben Gott lässt walten* – das ist ja quasi eine Aufforderung dazu, auf Gottes Vielfalt und Kreativität in unserem Leben zu vertrauen und diese anzuerkennen. Vorab: Gott war, ist und bleibt derselbe. Aber wir nehmen ihn unterschiedlich wahr und haben unterschiedliche Erlebnisse mit ihm. Und dabei passt die Parallele zur Musik:

Wenn Gott ein Lied wäre, dann wahrscheinlich ein Blues-Song. Zumindest für Robert K. Denn der hat den Blues, er ist traurig und braucht etwas, das seine Trauer auffängt. Und das schafft keine schmalzige Ballade voller „Es wird schon wieder"-Durchhalteparolen, sondern eher ein kantiger Rhythmus mit unsauberen Zwischentönen, die klar benennen, was gerade Sache ist.

Das Blues-Stück hört er immer dann, wenn die traurigen Erinnerungen hochkommen. Dann, wenn ihm wieder bewusst wird, dass er das Lächeln seiner Frau nicht mehr sehen wird. Sie hat den Kampf gegen die Krankheit verloren. Das „Warum" schallt oft durch Roberts Kopf und immer dann braucht er den Song, der seine Trauer ernst nimmt und nicht einfach beiseitewischt. Denn er ist noch nicht so weit, dass er vergessen kann. Noch nicht!

Wenn Gott ein Lied wäre, dann wahrscheinlich eine unerwartete Zugabe. Das Konzert ist eigentlich vorbei, die Füße tun schon weh und trotzdem skandieren die Fans minutenlang das obligatorische „Zugabe, Zugabe". Nichts passiert. Das Publikum ist enttäuscht. Und gerade als sich die Masse auf die Ausgänge zubewegen will, wird die Bühne wieder hell, und die Band kommt noch einmal zurück. Eine schöne Überraschung, mit der niemand mehr gerechnet hat.

Genauso ist es mit der unerwarteten Jobzusage bei Marion. Nach zwei Jahren der Arbeitslosigkeit und 53 Bewerbungsversuchen tun ihr die Hände vom Tippen weh. Sie wartet und wartet, aber es passiert nichts. Allen guten Noten und doch so hoffnungsvoll verlaufenden Bewerbungsgesprächen zum Trotz. Und als sie kurz davor ist, sich mit ihrem Schicksal abzufinden, kommt der Brief von der Firma, die mit ihr plant. Eine Zusage, die sich wie eine unerwartete Zugabe bei einem Konzert anfühlt.

Wenn Gott ein Lied wäre, dann wahrscheinlich eines, das mich schon ganz lange begleitet. Ein Lied, das ich als Teenie kennengelernt habe und das sich in meinem Leben festgesetzt hat. Es ist nicht der hippste Song und es hält den Charts schon lange nicht mehr stand, aber es hat sich für mich bewährt. Ich habe den Song das erste Mal im Radio gehört, fand ihn super und habe mich über ihn informiert. Dann habe ich mir die Single gekauft und in der ersten Zeit rauf und runter gehört. Ich hatte ihn immer bei mir und ich habe ihn geliebt.

Irgendwann wurde er langweilig, unattraktiv. Die Musikszene entwickelte sich weiter und andere Bands und Songs waren angesagt. Außerdem bekam die CD erste Kratzer und ich habe sie in die zweite Reihe wegsortiert und irgendwann vergessen. Nach Jahren finde ich sie dann zufälligerweise wieder, höre sie noch einmal durch und fühle mich zu Hause. Ich lade mir den Song auf meinen Computer. Er wurde überarbeitet und hat eine Top-Qualität. Ich höre ihn jetzt anders. Ich habe mich verändert und nehme ihn bewusster wahr. Er gehört zu meinem Leben. Wieder. Oder immer noch?

Gott ist wahrscheinlich kein Lied, definitiv aber viel mehr als das. Doch mir zeigt sich Gott oft durch Gefühle. Und am Beispiel von Musik wird er für mich nahbarer. Denn erstens glaube ich, dass er Musik mag. Und zweitens bin ich davon überzeugt, dass er als Schöpfer den richtigen Ton und das richtige Lied für unsere verschiedenen Lebenssituationen parat hält.

Wenn wir ihn (walten) lassen. Ich erlebe Gott als Konstante in meinem Leben. Ich habe ihn entdeckt und mich mit ihm beschäftigt. Ich habe ihn bewusst in mein Leben gelassen. Er ist nicht immer toppräsent, manchmal vergesse ich ihn regelrecht. Aber er ist immer da. Auch wenn unsere Beziehung mal ein paar Kratzer bekommt. Es beruhigt mich, wenn ich ihn in meinem Leben wiederfinde und wir gemeinsam unterwegs sind. Durch meine Beziehung zu Gott fühle ich mich verstanden. Er tröstet mich und gibt mir Sicherheit. Warum? Weil er eben nicht die Trendcharts der Gesellschaft anführt und jeden Hype mitmacht.

Deshalb ist so ein Lied wie *Wer nur den lieben Gott lässt walten* immer noch aktuell. Denn Gottes Beziehung zu uns Menschen nutzt sich nicht ab. Ein Markenzeichen von Gott ist es, sich nicht aufzudrängen und trotzdem in dem Moment da zu sein, wenn er gebraucht wird. Es gehört eine gewisse Portion Mut dazu, sich auf ihn einzulassen. Denn Gott lässt sich nicht vereinnahmen, passt in kein Raster und ist schwer zu erklären. Wer das versucht, scheitert! Wie er waltet, bestimmt er selbst. Zwar bin ich der festen Überzeugung, dass er uns dabei liebevoll im Blick hat, aber ich bekomme leider nicht immer eine Erklärung für sein Handeln mitgeliefert. Aber Gottes liebevolle Melodie spüre ich im Alltag. Und diese Melodie ist beruhigend zeitlos und damit ein sehr wichtiger Lebensbegleiter.

In (halb)voller Länge

Cornelius Becker:
Wohl denen, die da wandeln, 1602

Überall wird gekürzt. Auch bei alten Kirchenliedern ist das keine Seltenheit. Der Platz im Gesangbuch ist begrenzt und auch die Zeit eines Gottesdienstes will abwechslungsreich gefüllt sein. Da ist es schon ein wahrer Luxus, dass an dieser Stelle des Buches anstatt der vier im Evangelischen Gesangbuch abgedruckten Strophen des Liedes „Wohl denen, die da wandeln" von Cornelius Becker die ausführliche Variante auf Sie wartet. In der kompletten Fassung hat das Werk 88 Strophen. Und das ist nicht weiter verwunderlich, immerhin handelt es sich um eine Nachdichtung von Psalm 119, dem längsten Kapitel der Bibel. Hier stehen für Sie immerhin 44 Strophen abgedruckt. Ein Stückchen biblische Lyrik zur Inspiration.

1.
Wohl denen, die da leben
für Gott in Heiligkeit,
im G'setz des Herren eben
wandeln zu jeder Zeit,
die recht von Herzen suchen
   Gott
und seine Zeugnis halten,
sind stets bei ihm in Gnad.

2.
Denn alle, die da wandeln
richtig des Herren Bahn,
die nehmen für kein Handel,
der übel war getan.
Du hast geboten uns mit
   Fleiß,
deine Befehl zu halten
und keine andre Weis.

3.
O dass in meinem Leben
dein Recht ich halten könnt,
und mich drauf möchte geben
aus meines Herzen Grund!
Ich werd zu Schand in keiner
   Not,
wenn ich mit Fleiß nur schaue
allein auf dein Gebot.

4.
Von Herzengrund ich spreche:
Dir sei Dank allezeit,
weil du mich lehrst die Rechte
deiner Gerechtigkeit.
Der Gnaden mich auch fort
   gewähr,
ich will dein Rechte halten,
verlass mich nimmermehr.

5.
Wie wird ein Jüngling gehen
unsträflich seinen Pfad?
Wenn er zu G'bot dir stehet,
wandelt nach deinem Rat.
Lass mich nicht feilen deiner
    G'bot,
ich such von ganzem Herzen
dich, mein getreuen Gott.

6.
Ich halt in meinem Herzen
dein Wort mit allem Fleiß,
auf dass ich nicht verscherze
durch Sünd den heil'gen
    Geist.
Gelobet seist du, Gott, mein
    Herr,
lehre mich deine Rechte,
in mir den Glauben mehr.

7.
Mein Lippen oft erzählen
die Rede deines Munds,
auf dass ich mir erwähle
dein Recht von Herzengrund.
Dein Wort macht mir ein
    fröhlich Mut,
mehr ich mich drüber freue
als über allem Gut.

8.
Von deinem Wort und Willen
ich oft zu reden pfleg,
denselben zu erfüllen,
schau ich auf deine Weg,
ich hab Lust zu den Rechten
    dein,
bei mir deins lieben Wortes
muss unvergessen sein.

9.
Tu wohl, Herr, deinem
    Knechte,
dass ich mög' leben fort
und halten schlecht und
    rechte
dein seligmachend Wort.
Eröffne mir die Augen mein,
zu schauen große Wunder
an dem Gesetze dein.

10.
Ich bin ein Gast auf Erden,
verbirg dich nicht für mir!
Dein G'bot lass mir kund
    werden,
dass ich wandle für dir!
Nach deinen Rechten allezeit
mein Seel so sehr verlanget,
dass sie groß Schmerzen leidt.

11.
Du schiltst die stolzen Geister,
die dir gehorchen nicht.
Die dein Wort wollen
    meistern,
trifft dein Fluch und Gericht.
Lass mich den Feinden nicht
    zum Spott,
die mich schmäh'n und
    verachten,
weil ich halt dein Gebot.

12.
Es sitzen große Herren
und red'n mir übel nach,
weil ich dein Zeugnis gerne
erforsche Nacht und Tag,
mein Herz sein Lust und
    Freude hat
an deinem lieben Worte,
damit geh ich zu Rat.

13.
Mein Seel ist sehr betrübet
von wegen meiner Sünd,
dein Wort reichen Trost gibet,
dass ich Erquickung find.
Mein Missetat bekenn ich dir,
du lässt dein Gnad drob
    walten,
leitest mich für und für.

14.
Lehr mich den Weg zum
    Leben,
dein Gnad mich unterweis.
So will ich Zeugnis geben
von deiner Wunder Preis.
Für Gram mein Herz im Leib
    verschmacht,
sei du mein Kraft und Stärke,
wie du mir zugesagt.

15.
Behüte mich für Sünden,
für Irrtum mich bewahr,
dein G'setz wollst du mir
    günnen,
dein Wort lauter und klar.
Ich hab der Wahrheit Weg
    erwählt,
zu halten deine Rechte
hab ich mir fürgestellt.

16.
Mein Herz hängt steif und
    feste
an dem, was dein Wort lehrt.
Herr, tu bei mir das Beste,
sonst ich zuschanden werd.
Wenn du mich leitest, treuer
    Gott,
so kann ich richtig laufen
den Weg deiner Gebot.

17.
Herr, in deim Wort mir zeige
den Weg der Rechten dein,
dass ich davon nicht weiche
bis an das Ende mein.
In deim Gesetz mich
    unterweis,
dass ich's von Herzen halte,
bewahr's mit allem Fleiß.

18.
Durch dein Gebot mich leite,
führ mich auf rechtem Steg,
denn es ist meine Freude,
dass ich geh deinen Weg.
Neig mich zu deinem Zeugnis
    gar,
für Geiz und schnöder Sorge
treulich mein Herz bewahr.

19.
Wend ab mein Herz und
    Sinne
von aller falschen Lehr.
Lass mich die Kraft
    empfinden
deins Worts je läng'r je mehr.
Durch deinen Geist bekräftig
    mich,
dass ich dein Wort festhalte,
von Herzen fürchte dich.

20.
Wend von mir Schand und
    Sünde,
lass mich nicht fallen drein,
wenn ich Gnad für dir finde,
gibts Trost dem Herzen mein.
Darum ich auch nichts mehr
    begehr
als dass du mir verzeihest
mein Missetat so schwer.

21.
Lass mir Gnad widerfahren,
wie du mir zugesagt.
Dein Hilf' an mir nicht spare,
halt mich in guter Acht,
dass werd gestopft der Lästrer
    Mund.
Deinem Wort ich vertraue,
drauf steht meins Glaubens
    Grund.

22.
Nimm ja nicht von meim
    Munde
das Wort der Wahrheit dein.
Dein Rechte, die ich funden,
sollen mein Hoffnung sein.
Ich will dein Gsetz verlassen
    nicht,
will's treulich allzeit halten
immer und ewiglich.

23.
Mit freudigem Gewissen
wandel ich ohne Fehl.
Ich hab mich stets beflissen,
zu suchen dein Befehl.
Dein Namen zu bekennen frei
für Königen und Fürsten,
trag ich gar keine Scheu.

24.
Ich hab mein Lust und Freude
an dein Geboten all'n.
Lass sie zu allen Zeiten
im Herzen mir gefall'n.
Mein Herz greift darnach mit
    Begier,
ich red von deinen Rechten,
die sehr belieben mir.

25.
Was du deim Knecht
    verheißen
in deinem wahren Wort,
das wirst du mir auch leisten,
ich trau auf dich, mein Hort.
In meim Elend ist dies mein
    Trost,
dass mich dein Wort erquicket
und aus der Angst erlöst.

26.
Die stolze Rott' mein spottet,
mein Glauben sie vernicht.
Dennoch sind dein Gebote
mein Trost und Zuversicht.
Ich denk, dass du gehalten fest
allzeit, was du versprochen.
Dadurch werd ich getrost.

27.
Wenn die gottlosen Herzen
von deim Wort weichen ab,
bringt mir solchs großen
    Schmerzen,
kein Ruh dafür ich hab.
Von Gottes Gnad und reicher
    Gut
sing ich in meinem Hause
manch schön und tröstlich
    Lied.

28.
An deines Namens Ehre
denk ich manch liebe Nacht.
Deines Gesetzes Lehre
oft und viel ich betracht.
Es ist ein Schatz für meine Seel,
dass ich mit Fleiß bewahre
dein göttliche Befehl.

29.
Ich hab mich, Herr, erkläret,
dies soll mein Erbe sein.
Was du mich hast gelehret,
ich halt die Wege dein.
Ich fleh für deinem Angesicht
aus meines Herzen Grunde.
Dein Gnad versag mir nicht.

30.
Ich forsch mit allem Fleiße
mein Tun und Lassen all,
ob mein Fuß ein'ger Weise
geraten war zu Fall,
dass ich umkehr und mich
    nicht säum,
fürsichtiger zu wandeln
in den Geboten dein.

31.
Den edlen Schatz zu rauben,
stellt mir die gottlos Rott.
Fest ich bewahr mein
    Glauben,
vergess nicht dein Gebot.
Zu Mitternacht bin ich bereit
zu danken für die Rechte
deiner Gerechtigkeit.

32.
Zu gottfürchtigen Leuten
ich gerne mich gesell,
dass ich treulich allzeite
mög halten dein Befehl.
Voll ist die Erde deiner Ehr,
lass dein Gnad ob mir
    schweben,
Herr, deine Recht mich lehr.

33.
Du tust viel Guts beweisen
deinem getreuen Knecht.
Dein Wort gibt Maß und
    Weise,
es lehrt uns allzeit recht.
Den wahren Glauben,
    christlich Lieb
deine Gebot uns zeigen,
drin ich mich täglich üb'.

34.
Eh mich der Unfall rühret,
ging ich weit in der Irr',
durch Kreuz dein Wort mich
    führet,
dass ich wandle für dir.
Du bist gütig und freundlich
    sehr,
deine Gebot und Rechte
mich allzeit treulich lehr.

35.
Der Gottlos' Lügen tichtet
  [erdichtet],
zu schaden meiner Seel.
Ich wandle für dir richtig,
mein Herz hält dein Befehl.
Ihr Herz ist dicker denn ein
  Schmer, [dicke Fettschicht]
zu halten dein Gesetze.
Herzlich ist mein Begehr.

36.
Dass du durchs Kreuz mich
  züchtigst,
ist mir im Herzen lieb.
Es lehrt mich dein Gerichte,
macht mich im Wort geübt.
Für Silber und für rotes Gold
liebt mir das Wort deins
  Mundes,
bin ihm von Herzen hold.

37.
Dein Hand hat mich bereitet,
die alles hat gemacht.
Durch deines Geists Geleite
nehm' ich dein G'setz in Acht.
Die dich halten für ihren Hort,
sehn an mir ihre Freude,
denn ich hoff auf dein Wort.

38.
Recht sind all dein Gerichte,
das weiß ich, Herr, fürwahr.
Wenn mich die Trübsal
  züchtigt,
so lern ich immerdar,
dein Gnade kömmt mir wohl
  zu Trost,
die du in rechter Treue
deim Knecht versprochen hast.

39.
Herr, friste mir das Leben
durch dein Barmherzigkeit.
Das G'setz, das du uns geben,
ist meine Lust und Freud.
Zu Schanden werd die stolze
  Rott,
die mich mit Lügen drücket.
Ich red von deinem Wort.

40.
Ach dass doch zu mir kämen
alle, die fürchten dich,
die deine Zeugnis kennen,
dienen dir williglich.
Mein Herz für dir ohn
  Wandel sei,
ich werde nicht zuschanden,
wenn ich beim Wort nur
  bleib.

41.
Mein Seel trägt groß
    Verlangen,
Herr Gott, nach deinem Heil,
Hoffnung hat mich
    umfangen,
dein Wort kommt mir zuteil.
Mein Augen schmerzlich
    sehnen sich
nach deinem Wort, ich
    spreche:
Wenn wirst du trösten mich?

42.
Mein Kraft mich gar verlasset,
ich geh her wie ein Schein,
dennoch ich nicht vergesse,
Herr Gott, der Rechte dein.
Wie lang soll warten ich, dein
    Knecht,
dass du von meinen Feinden
mir endlich hilfst zurecht?

43.
Die stolze Rott' mir grabet
ein Grube zum Unfall,
dein Wort, sie solchs nicht
    lehret,
verbeut dies überall.
Wahrheit und Recht sind dein
    Gebot,
die Feinde auf mich liegen,
hilf mir aus dieser Not.

44.
Sie bring'n mich schier ums
    Leben,
bin sich'r an keinem Ort,
dir ich mich ganz ergebe,
verlass mich auf dein Wort.
Erquick mich, Herr, durch
    deine Gnad,
das Zeugnis deines Mundes
niemals gefeilet hat.

Quellen

Die Liedtexte wurden in der Regel nach der christlichen Lieddatenbank zitiert, www.liederdatenbank.de, aber, wo möglich, auch mit der Version des Evangelischen Kirchengesangbuches abgeglichen.

Verwendete Literatur:

Den Kummer sich von Herzen singen & *Dennoch fröhlich singen – So entstanden bekannte Lieder* von Beate und Winrich Scheffbuch, SCM Hänssler 2006.

Wach auf, mein Herz, und singe – Vollständige Ausgabe seiner Lieder und Gedichte von Paul Gerhardt, herausgegeben von Eberhard von Cranach-Sichart, SCM R.Brockhaus 2004.

Weil mich festhält deine starke Hand – Frauen singen von Jesus von Beate und Winrich Scheffbuch, SCM Hänssler 2010.

Quellenangaben:

Text auf Mentzners Grabstein aus einem Text von Prof. Dr. Karl-Hermann Kandler von der Internetseite:
http://www.evlks.de/landeskirche/geschichte/personen.php?show=20&beitrag=1110
(zuletzt aufgerufen am 14.12.2015).

Pure Präsenz – Sehen lernen wie die Mystiker von Richard Rohr, Claudius 2013.

Albert Frey (Produzent), Lothar Kosse (Produzent)

Glaube – Das Liederschatz-Projekt

Auftakt zur 3-teiligen CD-Reihe:

Unter dem Titel „Liederschatz-Projekt" will das Produzenten-Team Albert Frey und Lothar Kosse wertvolle, alte Gemeindelieder erhalten. Zum Thema „Glaube" haben sie deshalb für dieses Album 12 beliebte Choräle neu arrangiert und aufgenommen, damit sie auch in den modernen Gemeindealltag eingebaut werden können. Mit vielen bekannten deutschen Musikern wie Juri Friesen, Anja Lehmann, Andrea Adams-Frey, Arne Kopfermann u. v. a.

CD Glaube
Nr. 097.360
Jetzt erhältlich!

CD Hoffnung
Nr. 097.361
Erscheint im November 2016

CD Liebe
Nr. 097.362
Erscheint im Januar 2017

Daniel Schneider

Ich glaub an dich. – Gott
52 Begegnungen der besonderen Art

Das Leben setzt sich zusammen aus Geschichten – guten und schlechten, lustigen und traurigen, merkwürdigen und skurrilen. Es lohnt sich, viele davon weiterzuerzählen.

Daniel Schneider, Autor und Sprecher der Rundfunkandachten bei „Kirche in 1Live", hat 52 solcher Geschichten – für jede Woche des Jahres – gesammelt. Fündig geworden ist er in der Bibel, genauso wie im Alltag des Lebens. Dabei begegnet er Gott, aber auch sich selbst, mit allen Fragen und Zweifeln, die er mit sich herumträgt. Das regt zum Nachdenken an!

Gebunden, 11 x 16,7 cm, 158 S.
ISBN: 978-3-417-26604-7
Auch als E-Book

SCM
R.Brockhaus